核心素养与学校课程建设论丛

主 编 左 璜

副主编 吴晓昊 赵晓燕

科学用脑 成就美好

基于学生核心素养的"美好课程"体系建设

何连伟◎著

天津出版传媒集团

天津人民出版社

图书在版编目（CIP）数据

科学用脑　成就美好 : 基于学生核心素养的"美好课程"体系建设 / 何连伟著. -- 天津 : 天津人民出版社, 2024.1

（核心素养与学校课程建设论丛 / 左璜主编）

ISBN 978-7-201-19810-1

Ⅰ．①科… Ⅱ．①何… Ⅲ．①基础教育—课程建设—研究 Ⅳ．①G632.3

中国国家版本馆CIP数据核字（2023）第184486号

科学用脑 成就美好：
基于学生核心素养的"美好课程"体系建设

KEXUE YONGNAO CHENGJIU MEIHAO: JIYU XUESHENG HEXIN SUYANG DE "MEIHAO KECHENG" TIXI JIANSHE

出　　版	天津人民出版社
出 版 人	刘锦泉
地　　址	天津市和平区西康路35号康岳大厦
邮政编码	300051
邮购电话	（022）23332469
电子信箱	reader@tjrmcbs.com

责任编辑	吴　丹
特约编辑	赵　萧
装帧设计	卢炀炀

印　　刷	北京虎彩文化传播有限公司
经　　销	新华书店
开　　本	710毫米×1000毫米　1/16
印　　张	11.5
字　　数	230千字
版次印次	2024年1月第1版　2024年1月第1次印刷
定　　价	68.00元

编委会成员

总　序

欢迎您加入我们，探索以核心素养为本的学校课程建设之旅，本套丛书是我们与河南省郑州市中原区的课程改革实验学校共同完成的成果。我们聚焦未来，注重学生核心素养的培养，深入一线实践，通过理论研究和实践探索，重建学校课程体系。我们期待与您一起，共同推进教育现代化，助力学生全面发展。

每个孩子都是独一无二的存在，有着独特的梦想、才能及对世界的观察和认知。但在传统的学校教育模式特别是应试教育模式下，这些特质往往会被忽视或掩埋，使孩子们无法充分发挥潜能，也难以找到适合自己的学习之道。旨在促进孩子们发展的学校课程，也在追逐所谓"质量"的途中逐渐异化了，将学生的发展让渡给了规范的课程与学科知识，而真正充满生命力的孩子正在学校课程的场域中则被边缘化。孩子们为什么要学习语文，背诵积累甚至抄写那么多字词句？为什么要学习数学，做那么多题目？为什么要逼迫自己去背诵外语的词汇与语法？走着走着，大家都似乎忘记了我们一开始出发的那个地方。一切学校课程建设的出发点，都应该是源于学生的生命成长。我们需要重新审视，重塑课程教育，在保证教育质量的前提下，更加注重孩子的生命成长，构建一个真正适合孩子全面发展的学习环境。

因此，我们推动这个项目的初衷在于，建立育人为本的多元化课程体系，重新检视学校课程开发与实施的目的，重新回归学生发展核心素养来重新建构课程体系，回到儿童的世界本身，让孩子们在课程学习中发现问题、解决问题并实现自我价值。我们相信这种课程模式将会成为新时代发展的主流，培养更多未来的人才，为社会的进步贡献力量。

基于学生发展核心素养为本的学校课程体系建设究竟应该是怎样的？我们主张，必须深耕学校的文化场域，深挖学校的精神品质，传承学校的核心价值，充分建基于学校的特色之上。因此，这套丛书中的每一种课程体系，都彰显出了学校品牌特色与课程建设的完美融合。如外语特色学校建设了"融合课程体系"、足球特色学校建设了"脑体全优能课程体系"、新建校基于儿童的立场建设了"童年课程体系"、立足核心价值追求的学校建设了"美好教育课程体系"，还有我们的幸福课程体系、"沁润课程体系"等等。无论是哪一种课程体系，都是融入了学校文化生命的一种课程理想，都是一种课程改革实践者努力实践的成果。

我们始终认为，学校课程体系建设是一个系统工程，是一个长期坚持的过程。回望每所学校在建设学校课程体系中的点点滴滴，在这个过程中，我们总是被各种人、各种事感动着。中原区的每所实验学校在推动核心素养为本的课程改革的过程中，始终追求品质、守归中原，学校的领导和老师们始终坚守初心，无所畏惧，敢于突破、敢于创新。我们并不满足于只在简单的国家课程、地方课程与校本课程之间徘徊，而是用"爱和专业"，不断创新着新的课程路径、开发着新的课程内容，谱写着属于我们的课程故事。

每一次，在召开课程建设推进工作会议时，我们总会重申这样一个信念："我们做课程，绝对不只是为了改革而改革，我们必须始终牢记，我们做这一切的目的，是为了每一个孩子的未来。我们的课程体系，必须始终以孩子为中心，以发展他们的核心素养为本，让孩子们能够真正面向未来，奠基幸福的人生。没有真正帮到孩子的课程，我们宁可不做。"正因为坚守这一信念，我们一直走到了今天。当然，还会继续坚定不移地朝着明天继续走下去。

核心素养究竟是什么？我以为，它是教育去适应时代变革的必然产物，是人类来到了信息化、智能化时代对教育目的的重新审视和定位。新时代给我们带来了许多机遇，也带来了许多挑战，其中对教育形成的最大挑战就在于不断爆炸式增加的教育资源、学习内容与学习者有限时间和精力之间所形成的巨大冲突。这种冲突直接带来的后果就是孩子们越学越多，越学越觉得时间不够用。大家似乎都被卷入了一个无法停止的教育漩涡中，学习任务一个接着一个，课程不断地在增加，而孩子们的学习时间早已饱和。因此，所有教育人都应该停下脚步，反思教育应该向何处去。基于对这一核心问题的思考，新一轮的课程改革提出了"核心素养"为本的理念，这一理念的核心思想就是"减负提质"。因此，核心素养为本的学校课程体系绝对不是随意做加法，而是科学地做减法。

为此，核心素养为本的学校课程体系建设，始终坚守一个核心——"课程"，以整体主义作为方法论基础，围绕课程建设，实现德育活动、校园文化建设、课程内容体系、教学过程、教师发展等全方位一体化的改革。在短短几年建设的过程中，我们的实验校、学校老师、孩子们都在不断飞速地发展，收获了成长的幸福，收获了创新的喜悦。

今天，这套凝结着无数课程人思想与行动的丛书即将付梓。作为丛书的主编，倍感欣慰。我想特别骄傲自豪地说，所有这些学校的特色课程体系建设，都是我们对教育的深思，都是我们对学校课程创新的一次大胆尝试，更是我们每所学校对教育理念的执着与坚持。这样的尝试，这样的探索与坚持，在一定程度上丰富和拓宽了我们的教育视野，更为我们未来进一步深化基础教育课程改革做出了示范。

最后，我想借此机会，向所有参与这个项目的领导、老师和学生们表示深深的感谢，是你们的付出和努力，使得这个项目得以实现，使得这套丛书得以诞生。

"教育是一场长跑，我们需要的不仅是速度，更需要的是方向。"是的，这套丛书就是我们在这场长跑中，对方向的思考、探索与坚持。我相信，这套丛书的出版，不仅仅是我们这群热爱教育的人探索核心素养为本学校课程建设的阶段性成果，更是一种能够点燃无数未来想要继续探索学校课程建设人梦想的力量。

2023年6月28日

撰写于华南师范大学

目　录

第一章　与美同行　向好而生

第一节　"美好教育"的品牌定位

一、"美好教育"的时代呼唤

21世纪，教育决定国家的经济、文化实力。新一轮科技革命和产业革命正在重构全球创新版图，以互联网、大数据、云计算、量子卫星，人工智能为代表的现代科学技术正深刻改变着人类的思维、生产、生活和学习方式。如何构建现代教育体系，如何培养大批符合时代发展需求的创新型人才已成为人类共同面临的重大课题。时代越是向前，国家对科学知识和卓越人才的渴求就越发强烈，人民群众对更加公平高质量教育的期待就越发迫切。教育的基础性、先导性、全局性地位和作用就更加突显。进入新时代，中国正加快向创新型国家前列迈进。"这就要求教育必须着眼未来，抓紧培养能够适应和引领未来发展的一代新人"。①

人民对美好生活的向往，是我们党的奋斗目标。"美好生活"一头连着民生，一头连着党的使命、宗旨、目标与愿景，承载着饱满的情感与丰富的价值内涵，拉近了党和人民之间的心理距离。美好生活从美好教育开始，美好教育让生活更美好。成就孩子的美好未来，是每一位教育工作者的情怀与期待。

---

① 《习近平总书记教育重要论述讲义》，高等教育出版社，2020年。

2022年4月，教育部颁布了《义务教育课程方案和课程标准（2022版）》，这是我国基础教育领域的一件大事，是对我国新时代政治经济社会发展新形势、新需求和广大人民群众对优质、公平教育期待的主动回应，是推进新时代义务教育改革、进一步提升义务教育质量的有力举措，是我国未来十年乃至更长时间义务教育阶段的育人蓝图，同时也为当前教师教育事业发展提出了新的要求。

《义务教育课程方案和课程标准（2022年版）》确定的义务教育培养目标，充分体现了党和国家对新时代教育的新论述和新要求，全面落实习近平总书记关于"培养担当民族复兴大任的时代新人"要求，从有理想、有本领、有担当三个方面，明确义务教育阶段时代新人培养的具体要求，进而培养富有新时代特点、德智体美劳全面发展的社会主义建设者和接班人。

公办小学阶段的教育，是普适性教育，强调"立德树人"的主流教育价值观。近年来，教育改革方向也在不断做出较大调整：从以成绩为主的单一评价方式转向关注成长过程的多元评价方式；从关注单一主体的"以生为本"，转向关注多维度主体的"以人为本"的多元发展；从重视学业成绩的"分数时代"，转向有效减轻义务教育阶段学生过重作业负担和校外培训负担的"双减时代"。通过师与生共同成长、教学相长，创造新型的师生互动关系，努力打造出学校、教师、学生"三赢"的可持续教育生态。这样一个教育生态，是新时代教育改革向更科学、更理性、更人性化转变的成果。

早在2013年，郑州市中原区教育系统就提出了以"培育品质学生、塑造品位教师、创建品牌学校"为支撑的"品质教育"发展理念，厘清了"品质教育"的教育哲学——守中归原，明确了"品质教育"的总体要求——培养人的高素质、工作推进高质量，明晰了"品质教育"的根本任务——践行创新、协调、绿色、开放、共享五大发展理念，用供给侧改革的理念为孩子们成长提供高品质的教育服务，确立了"品质教育""基础、核心、提升"三大阶段性目标体系，确定了"品质教育""三步走"发展战略：2013—2015年聚焦硬件，提升"颜值"；2016—2018年聚焦课改，提升内涵；2019—2021年，聚焦队伍，激发活力。品质教育，指明了中原区教育未来发展的方向，规划了中原区教育大发展的宏伟蓝图。中原区教育逐步形成了既有高原又有高峰、既多彩又精彩的良好局面。"品质教育"已经成为中原区的一张名片、一大品牌，中原区教育的影响力和美誉度不断加大，人民群众的获得感和满意度明显增强。

"十四五"期间，中原区教育工作坚持以习近平新时代中国特色社会主义思想为指导，贯彻落实习近平总书记关于教育的重要论述，坚持和加强党对教育工作的全面领导，贯彻党的教育方针，落实立德树人根本任务，围绕"新时代中原教育更加出彩"这个愿景，聚焦"建设高质量教育体系"这一目标，打好"教师素养提升、教育专家引领、教育集团化发展、教育综合改革、教育品牌打造"五张牌，做好"十项重点任务"，深化实施"品质教育"，推进学前教育普及普惠发展、义务教育优质均衡发展、高中教育多样特色发展、其他各类教育同步协调发展，打造"学在中原"教育品牌，为中原区经济社会发展提供强有力的人才保障和智力支撑。

汝河新区小学的"美好教育"与中原区的"品质教育"是高度契合、一脉相承的，也是建设高质量区域教育体系的具体体现。汝河新区小学顺应历史前进的逻辑，把握时代发展的潮流，更充分、更合理、更高效、更灵活、更多样做好教育供给侧结构性改革，把握好教育的"供"和群众的"需"之间的关系，把握好公平与质量的双向并进，突出重点、补齐短板、发扬优势，紧紧围绕群众对美好生活的新需求、新期待，真正做到群众关心什么、期盼什么，教育就抓住什么、推进什么，切实满足群众从"好上学"到"上好学"的需求升级，不断提升学校教育品质，加快推进教育现代化，促进学生的全面发展，让个体生命的潜能得到自由、充分、全面、和谐、持续发展，争做教育改革发展的探路者，当好高质量建设"美好教育"的先行区、示范区，努力把学校这张名片擦得更亮，叫得更响，让学校教育更"美好"。

二、"美好教育"的发展历程

1983年，郑州市政府兴建汝河路大型居住小区——汝河小区，1985年竣工。汝河小区占地面积20万平方米，是郑州市第一个建筑规模大、公共设施配套齐全的居住小区。小区内配建有幼儿园、小学、中学、邮局、商店、粮油店、澡堂等公共设施，居民足不出小区即可满足衣食住行需要。弹指一挥间，随着时代发展，老百姓居住条件升级换代，汝河小区却渐渐破败，满足不了群众对美好生活的更高追求。

习近平总书记指出："让城市留下记忆，让人们记住乡愁。"2020年，汝河小区按下了老旧小区改造的启动键，改造后的小区路变宽、灯变亮、屋变新、绿更美、行更便、居更安。"高龄"的汝河小区摇身一变，成为集文化、生态、健身娱乐为一体的多功能现代化小区。

郑州市中原区汝河新区小学（以下简称"汝河新区小学"）就坐落于该小区内，学校于1985年建成并投入使用。时间的刻度，清晰记录走过的路，汝河新区小学的发展，见证着这片土地的沧桑巨变。

三十多年斗转星移，岁月如歌；三十多年砥砺奋进，成就辉煌。汝河新区小学建校之初没有校门，没有围墙，只有教学楼孤零零地矗立在校园里，四周全是土包和石灰坑。一到刮风的天气，整个校园黄沙弥漫，就像狂风刮过了戈壁滩。学校第一年只有三十一个学生，老师们带领学生一起学习、一起游戏、一起栽花种草，其乐融融。三十多年来，在每一位汝河人的努力下，学校发生了翻天覆地的变化，一批批骨干教师从这里走出，一届届优秀学子在这里成长。学校的木瓜树结满了累累硕果，党史、团史、队史长廊已成为红领巾学党史的主阵地。这里真正成了孩子们知识的殿堂、生活的乐园、幸福的家园。

如今中原区汝河新区小学已成为教育理念先进、办学特色鲜明、校园环境优美、文化底蕴深厚、教学设施齐全、师资队伍精良、教育资源丰富、社会高度认可的品牌学校。学校为社会培养了大批人才，铸就了诸多辉煌。先后荣获第37届头脑奥林匹克世界总决赛第六名、全国青少年校园足球特色学校、全国"五五"普法先进单位、第19届亚运足球梦想学校、河南省奥林匹克特色学校、河南省卓越家长学校、河南省教师发展学校、第七届河南省中小学技术设计与创新成果优秀组织奖、郑州市中小学创客教育示范校、郑州市语言文字规范化示范校、郑州市绿色学校、郑州市文明校园、郑州市中小学德育创新先进集体等荣誉。

三、"美好教育"的价值核心

教育是面向未来的事业。从这个意义上讲，我们在思考教育的目标和方向的时候，不仅要紧紧把握时代的脉搏，更要未雨绸缪，为未来做好准备。我们教育的对象会在10~15年以后进入社会。10年以后的社会将发展成什么模样？我们的学生能否适应未来，甚至引领未来，还是被未来所淘汰？什么知识能够联通过去、现在和未来？什么样的教育最适合帮助学生应对21世纪的挑战？

汝河新区小学根据中原区"品质教育"发展理念和"守中归原"的教育哲学，在华南师范大学左璜教授的指导下，找到了学校办学的核心关键词，那就是"美好"。

据此，我们解析出"为谁办？怎么办？谁来办？办成什么样？"这四个问题。①为师生及其背后所联系的家庭、社会更加美好而办学；②尊重生命成长发展的规律，建立体验幸福生活的意识，创造新型的师生互动关系和个人发展，让教育与生命相连，让教育与生活相连，让教育与美好相连。③需要一支有理想信念、有道德情操、有扎实学识、有仁爱之心的好老师队伍，既做好"大先生"又做好"教书匠"。④办成具备人性温度、真诚美好、科学有序的"美好教育"先行校、示范校。

综上所述，我们提出"与美同行，向好而生"的"美好教育"理念。我们深刻认识"美好教育"与"品质教育"的关联性、协同性，做"品质教育"高质量发展的响应者、追随者和实践者，努力办出具有中原特色的"美好教育"，让教育遇见美好，启迪美好。

文化如品茗，需哲思；课堂如吟诗，需想象；课程要力行，需实践。在"美好教育"文化建设的道路上，汝河人正昂首前行。

第二节 "美好教育"的文化内涵

"美好"一词最早出自《庄子·盗跖》，释义：指美的东西让人身心舒畅，更好地生活，快乐地生活。"美好"是人及教育的本质追求，是一种诗意、理想的教育境界和生命境界。

一、"美好教育"的教育主张

我们提出"与美同行，向好而生"的"美好教育"理念，深刻认识到"美好教育"与"品质教育"的关联性、协同性，做"品质教育"高质量发展的响应者、追随者和实践者，努力办出具有中原特色的"美好教育"，让教育遇见美好、启迪美好。

教育观：教育的本质就是美好。好的教育一定是美的，教育为追求美好而生。教育是美好生活的重要组成部分，"美好教育"让生活更美好。

课程观："美好教育"依赖于"美好课程"的支撑。美好的课程是科学而有效的；美好的课程是丰富而多彩的；美好的课程既是过程，也是结果。

教学观：基于全脑科学开展高效教学是实现"美好教育"的重要路径。全脑教学需要多路刺激，需要连贯影响，还需要持续应用。

学生观：学生天生就有追求美好的动力和激情，学生成长的目标是追求美好的生活，学生是具有美好品质的潜能发展者，在成长中遇见更美的自己。

二、"美好教育"的顶层理念阐释

（一）教育核心："美好教育"

教育核心是办学的本体观，是学校存在与发展的最基本、最根本的观念要素。教育核心理念是学校教育、教学与管理活动的最高指导思想与最根本的价值追求，是贯穿于所有办学理念、办学行为和环境建设的规定，是学校文化的灵魂。汝河新区小学将"美好教育"作为学校办学方向与发展途径的根本价值追求，成为学校办学理念、课程建设、教育教学、文创活动、管理制度的最高指导方向与发展定位，让"美好"二字成为学校文化与气质的灵魂所在。

（二）教育使命：让成长因教育而美好

教育使命是办学的价值观，这是对学校存在的理由和意义的认识。学校使命主要指学校存在的独特价值，即学校为社会的繁荣、教育的进步和人才的培养所应承担的角色和义务。崇高、明确、富有感召力的使命不仅能为学校指明方向，而且可以使学校的每一位成员明确工作的真正意义，激发内心深处的动机。

今天的教育使命，是让教师、学生、家庭每一个生命的人生因教育而改变，这种改变使人生向美好而前行。我们认为，"美好教育"扎根于素质教育的土壤，应体现出对每个个体生命高度关注的人文情怀；它旨在实现师生的共同成长和发展，使师生有直面生活的勇气，有追求幸福的动力，努力拥抱美好生活，让人生与幸福同行。而"美好教育"是汝河新区小学实现这一教育使命的途径，是学校全员的共同信念与精神支撑，更是汝河新区小学为这一目标所担当的历史使命与教育义务。

（三）办学理念：与美同行，向好而生

办学理念是办学的实践观，是对学校的理念和理想如何见之于客观的认识。通俗地说，它要回答学校"怎么办"的问题。办学理念是学校依据自身办学的价值观对教育内在规律认识的提炼，简单来说，就是学校为办学而提炼出的教育主张与实现途径。

"与美同行，向好而生"是实现学校"美好教育"这一目标的实际教育主张，力求在学校以美德、美情、美境、美事来营造一种影响生命的宽松人性、人文氛围；让好人、好事、好学、好习惯围绕于成长的各个阶段；从课程、课堂、教学、管理等维度，去诠释"美好教育"带来的

根本性与坚定性的教育途径。简单来说，这是为实现"美好教育"，结合学校办学策略而制定的可实现性方法论。

总之，师生在学校与美携手向前，风雨兼程。让师生遇见美、发现美、理解美、追寻美、感受美、传递美，各美其美，美美与共，美的教育在这里生长。美在汝河，让学生学习是好的、品质是好的、工作是好的，创造美好生活，成就美好人生，实现美好愿景。

（四）办学愿景：建设具有卓越影响力的"美好教育"先行校、示范校

所谓办学愿景，是学校对未来理想和长远发展所描绘的纲领性蓝图，是着眼于长远战略的全局性工作的标杆，是对"我们代表什么""我们希望成为怎样的学校"的恒久性承诺。彼得·圣吉指出："共同愿景，特别是有内在深度的愿景，能够激发人们的热望和抱负。由此，工作就成为追求有更大价值的志向目标的过程……愿景能够振奋精神，焕发生气，扩张激情，从而能够提升组织，使之超越平庸。"学校愿景的构建意味着学校有了创新与发展的灵魂，使学校充满了创新的活力，进而提升学校的品质，提高教育质量。

汝河新区小学作为郑州市中原区具有三十多年历史的成熟学校，是构成中原教育的坚实基础校，为中原教育贡献力量。但是成熟不意味着成功。学校将着眼于中长期战略发展，学校办学品质的提升将谋求从幕后走向台前，从口碑力转向影响力，从成熟型迈入前沿型的华丽转身。因此，"建设具有卓越影响力的'美好教育'先行校、示范校"将成为汝河新区小学全体成员勠力创新的共同愿景。

三、"美好教育"的体系架构

学校文化如同一个人的气质修养，是其思想文化内涵最直接的表现特征。走进汝河新区小学，我们能强烈感受到一种非同寻常的文化气场——"美好教育"，一种让人精神为之一振的"精气神"。学校确立了

"美好教育"的发展之路，对"美好教育"的基本内涵进行了明确的界定，厘清了"美好教育"体系架构（见图1-1）。

★教育核心："美好教育"。

★教育使命：让成长因教育而美好。

★办学理念：与美同行，向好而生。

★办学愿景：建设具有卓越影响力的"美好教育"先行校、示范校。

★育人目标：培育睿智、博雅、阳光、创新的美好学子。

▲课程理念：科学用脑　成就美好。

▲课程目标：让学生品味美好，追寻美好，创造美好生活，为美好人生奠基。

●四"化"美好校园：精致化、人文化、现代化、国际化。

●四"脑"美好课程：学术脑、抽象脑、艺术脑、创造脑。

●四"品"美好教师：品格、品学、品位、品质。

●四"优"美好学子：睿智、博雅、阳光、创新。

图1-1　"美好教育"体系架构图谱

第三节　"美好教育"的践行思路

一、"美好教育"的标识解析

文化的本质是"以文化人"。校园文化标识是管理理念的外显，是学校发展的内趋，是学校魅力的彰显，是学校形象的代名词。在全体师生的共同努力下，汝河新区小学构建了一套校园视觉识别系统（VIS），将学校内在气质和发展定位视觉化、形象化，将"美好教育"理念最准确有效地转化成易于被人们识别、记忆并接受的一种视觉上的符号系统，有力地推动了学校文化建设与特色发展，增强师生认同感，加强学校凝聚力，树立学校整体形象。

（一）学校标志（见图1-2）

RU HE XIN QU XIAO XUE
汝河新区小学
与美同行　　向好而生

图1-2　汝河新区小学标志

设计关键词："美好教育"——与美同行 向好而生。

设计溯源：成就生命之美；"美好教育"，成就美好。

设计创意：

该标志的设计思路来源于汝河新区小学"与美同行，向好而生"的办学理念，将学校"美好教育"的理念文化深植其中。标志的整体造型取自汝河新区小学名称中"汝""新""小"的拼音缩写"r"与"x"，组合形成了艺术化的"美"字，使之具有自然禀赋东方韵味的"美"感，体现了根植中国文化的教育内涵。

标志整体造型温文而优雅，犹如成长之"树"，站立之"人"，文化的"文"，汝河的"汝"。顶端造型如打开的书本，亦如放飞的翅膀，中间造型象征师生张开的双臂和勤劳的双手，老师用双手呵护学生成长，托起教育希望，学生用双臂拥抱知识和未来，用双手创造美好生活和愿景。标志中蕴含着"开卷有益"的文化之美，"成长绽放"的教育之美，"百年树人"的梦想之美，"展翅翱翔"的生命之美，"教书育人"的使命之美，用一个"美"字形象而生动地将"美好教育"理念深刻聚焦，将教育元素有机融入，彰显出汝河新区小学"让成长因教育而美好"的教育追求与教育使命。

标志色彩取自黄蓝色系组合：黄色象征端庄、高雅、温暖与热情，代表了汝河新区小学文化中的"博雅"与"阳光"；而蓝色象征冷静、理性、智慧，这代表汝河新区小学文化中的"睿智"与"创新"。整体色彩的组合让学校的理念、文化与内涵得以彰显。

（二）吉祥物

汝河新区小学的吉祥物设计遵循学校"美好教育"理念，以脑科学理论基础与美好课程开发为切入点，将"脑"形象拟人化、卡通化、系列化，设计出贴合学校教育内涵的吉祥物形象，并赋予其美好性格，使这一系列卡通形象成为"睿智、博雅、阳光、创新"的四"优"学子代表。

1.吉祥物原生形象

图1-3　汝河新区小学吉祥物"汝宝"

名字：汝宝（见图1-3）。

形象释义：汝宝作为汝河新区小学吉祥物原生形象，以"脑科学"为设计出发原点，将"脑"的形象加以拟人化加工，使其具备"脑"形象与"脑科学"课程的契合点。头上长出的萌芽，寓意在汝河新区小学的"美好教育"引领下，智慧、品德、能力、学识与创造精神，都将在每个汝河新区小学学子的头脑中播下种子，破土萌发，茁壮成长。

2.吉祥物系列形象

图1-4　汝河新区小学吉祥物系列之"睿睿"

名字：睿睿（见图1-4）。

性格：理智冷静，善于推理计算与分析，喜欢各种烧脑游戏，爱看悬疑侦探小说。

崇拜偶像：大侦探福尔摩斯。

形象释义：

睿睿这一吉祥物形象，来源于"学术脑"（睿智）课程模块，对应学校四"优"学子的"睿智"形象。崇尚科学精神，具有探究、思辨、甄别与理解的能力。睿睿以冷静智慧的蓝色作为肤色，头戴博士帽，手拿圆规与三角板，来突出以数学逻辑与信息化课程为代表的"睿智"课程的特点。

图1-5　汝河新区小学吉祥物系列之"雅雅"

名字：雅雅（见图1-5）。

性格：激情澎湃，思路清晰，善于辩论演讲，喜欢中外诗歌文学，写得一手好文章。

崇拜偶像：大诗人李白、莎士比亚。

形象释义：

雅雅这一吉祥物形象，来源于"抽象脑"（博雅）课程模块，对应学校四"优"学子的"博雅"形象：兴趣广博，具有宽基式学习的方向，对世界文化有参与渗透的能力。雅雅以活力激情的红色作为肤色，头顶读书小童的发髻，手拿毛笔与经典，来突出以国学经典与语言类课程为代表的"博雅"课程的特点。

图1-6　汝河新区小学吉祥物系列之"阳阳"

名字： 阳阳（见图1-6）。

性格： 活力四射，才艺出众，热爱音乐舞蹈和马拉松，静下来喜欢创作美术作品。

崇拜偶像： 凡·高、莫扎特。

形象释义：

阳阳这一吉祥物形象，来源于"艺术脑"（阳光）课程模块，对应学校四"优"学子的"阳光"形象：健全的人格，健康的体魄，追求美好事物的兴趣、爱好，良好的社交能力。阳阳以阳光鲜活的黄色作为肤色，头顶一个音乐符号的头饰，手拿画笔，挥动彩带，来突出以美育体育课程为代表的"阳光"课程的特点。

图1-7　汝河新区小学吉祥物系列之"新新"

名字：新新（见图1-7）。

性格：热爱科学、爱幻想、新点子多、对大自然有强烈的好奇心，热爱生活并乐于助人。

崇拜偶像：爱因斯坦、乔布斯。

形象释义：

新新这一吉祥物形象，来源于"创造脑"（创新）课程模块，对应学校四"优"学子的"创新"形象：敢于突破，敢于创造，有强烈自信与研究能力，具有总结过往经验的能力。新新以新生萌发的青绿色作为肤色，头顶一个代表点亮智慧的小灯泡，手拿自己调试组装的机器人，来突出以科技创意课程为代表的"创新"课程的特点。

二、"美好教育"的动人愿景

教育是今天的事业、明天的希望，承载着人民群众对美好生活的向往。汝河新区小学牢固树立新发展理念，全面贯彻党的教育方针，坚持社会主义办学方向，落实立德树人根本任务，严格执行"双减"政策，遵循"与美同行，向好而生"的办学理念，大力实施"美好教育"。学校以培育"睿智、博雅、阳光、创新的汝河学子"为育人目标，基于中国学生发展核心素养，以党建工作引领为立足点，营造风清气正教学环境；以提升教师素养为着力点，造就高素质专业化创新型教师队伍；以美好课程建设为发力点，奠定学生美好人生基础，唱响"美好教育"的主旋律，传播"美好教育"好声音，把学校建设成为具有卓越影响力的"美好教育"先行校、示范校，让学生品味美好、追寻美好、创造美好生活，为学生的美好人生奠基。

（一）学生的人生发展

让学生在实践探究过程中开发大脑，培养其成为既能创造美好、成就美好，实现美好愿景，又能品味美好、追寻美好、感悟美好生活的"美好之星"。

"美好教育"以活动为载体，用智慧与行动引导，促进学生在耳濡目染中不断成长、发展、提升自己的综合素养，从而成为睿智、博雅、创新、阳光的美好少年。

睿智：崇尚科学精神，具有探究、思辨、甄别与理解的能力。

博雅：兴趣广博，具有宽基式学习的方向，对世界文化有参与渗透的能力。

阳光：健全的人格，健康的体魄，追求美好事物的兴趣、爱好，良好的社交能力。

创新：敢于突破、敢于创造，有强烈自信与研究能力，具有总结过往经验的能力。

（二）教师的专业发展

提升教师思想政治素质，加强师德师风建设，提升教师专业素质能力，转变教师课程思维，确立现代课程理念，造就一批具有综合素养、专业水平、创新能力的骨干教师、卓越教师、教育家型教师。"美好教育"的一个重要目标是：成就具有品格、品位、品学、品质的"四品"教师。

1.品格 —— 为国家培根

教师是党和人民的事业接班人的教导者和培养者，必须具有高尚的品格，不忘立德树人初心，牢记为党育人、为国育才使命，方能培养孩子们具备优秀品质，成就孩子美好未来。老师们要从党走过的风云激荡的历史中，明大理、察大势、观大道，从而更好地用理论武装头脑、指导实践、推动工作，做忠诚于党的教育事业的"四有"好老师。

2.品位 —— 为民族铸魂

教师的品位是浓郁的书香，是艺术的美韵，是恬静的心灵。有品位的教师大都有广泛的兴趣爱好、深厚的人文素养和广博的知识积淀。提升教师品位，营造浓厚的"书香校园"氛围。汝河新区小学鼓励教师多读书、读好书、不断丰富自我，成就自我。让老师像一部百科全书，有探索不尽的无穷宝藏，举手投足间都挥洒出书卷的气息，让课堂充满书香。

提升教师品位，让教师享有丰富的精神生活。任何人的艺术修养都不是天生的，需要在艺术创作或艺术欣赏的实践中，逐步锻炼和培养。汝河新区小学安排多种艺术活动，如：参观画展，听音乐会，经典诵读，参加摄影课、形体课、花艺课、语言课等等。让老师们多听、多看，多接触各种艺术形式，使教师在博览的基础上，培养出较高的艺术素养。

3.品学——为学生启智

扎实的学识是教师为学生启智的基础。在当今时代，知识的更新速度远远超过历史上任何一个时代。这也给教师提出了新的挑战：如何拥有扎实的学识、如何提高学习力、如何及时掌握新的知识技能等等。为成就"品学"教师，汝河新区小学充分发挥骨干、优秀教师的示范、引领作用，成立了青年教师发展学院，并相继开展了"读书分享""美文诵读""美好课堂""妙笔生花"等教师素养提升培训课程。

4.品质——为童年润心

正如大学不是因为有大楼，而是因为有大师。高品质的教育需要高品质的教师来支撑，把质量提上来，把口碑传出去。

"品质"教师要拥有高尚师德，要全面学习党中央关于教育的重要精神，领悟教育教学工作与国家富强、民族复兴之间的内在关联，感悟教书育人事业的崇高与辉煌，以此内化为新时代教师的高尚师德，进而通过言传身教在学生心灵播下真善美的种子。"品质"教师要胸怀仁爱之心，用灵魂唤醒灵魂，用生命启迪生命。学生能够对教师做到"亲其师，信其道"，正是教师无私地向学生奉献"爱心"的回报。

（三）学校的特色发展

把学校打造成为一所"美好教育"理念指导下的品牌名校，继续扩大区域辐射和影响范围，助力区域教育品质提升。

　　"美好教育"丰富和深化了学校文化建设的内涵，为学校文化建设提供了新的视野和新的要求。通过实施"美好教育"，可以促进学校文化的建设与发展，使学生个性得到充分张扬，学校特色得以充分彰显，学校文化得以充分释放。

　　汝河人立足校情，广泛征集意见，反复论证，数易其稿，确立了"美好教育"的发展之路，对"美好教育"的基本内涵进行了明确的界定。"美好教育"作为学校办学方向与根本价值追求，成为学校办学理念、课程建设、教育教学行为、环境文创活动、管理制度活动的最高指导方向与发展定位，"美好"二字成为学校文化与气质的灵魂所在。

　　"美好教育"是尊重儿童差异的多元教育，是充满灵性的生命教育。学校用美好德育铸就学生幸福人生，美好课程点亮学生智慧人生，美好社团造就学生高雅人生，美好环境成就学生快乐人生，美好评价激励学生更加阳光自信，美好节日引导师生懂得感恩、更加善良。学校团队大力开展"精致化、人文化、现代化、国际化"四化美好校园建设。在这样优质的环境里，师生们与美同行，向好而生。美的老师、美的孩子、美的校园，各美其美，美美与共。学习是好的，品质是好的，工作是好的，创造美好生活，成就美好人生，实现美好愿景。一所具有卓越影响力的"美好教育"先行校正在蓬勃生长。

第二章 构建全面育人课程 让成长因教育美好

第一节 "美好课程"体系的探索之旅

一、"美好课程"的教育哲学

美好的课程是科学而有效的，美好的课程是丰富而多彩的，美好的课程既是过程，也是结果。

我们的教育是要让孩子们拥有幸福绽放的美好童年，让孩子们拥有心灵的幸福，为孩子们的终身幸福奠定基础。同时，在教育的过程中，我们也要适应孩子们的根本需要，使教育的过程充满人文关怀，充满幸福感！汝河新区小学将坚持以人为本，坚持德育为先，坚持能力为重，坚持全面和谐发展，坚持将培养孩子们感受美好、珍惜美好、传递美好、创造美好的能力贯穿于整个教育过程。

（一）谋求人的发展

以"为了每位学生的发展"为核心理念，以培养学生健全的个性和完整的人格为己任，我们努力构建为每一个学生发展的课程体系，确立培育"整体的人"的课程目标，整合学生的知识学习与精神建构，"教育是人的灵魂的教育，而非理智知识与认识的堆积"。重视"过程与方法"

的目标价值，在过程中传递知识，让学生经历与自我、与他人、与自然关系的彼此交融，实现课程的"丰富性、回归性、关联性、严密性"，通过让学生获得情感态度价值观的转化，孕育精神力量与生活智慧的生长，来完善学生的素养。

（二）倡导回归生活

构筑生活化的学习内容，满足学生个性发展。无论是杜威提倡的"教育即生活"，还是陶行知提倡的"生活即教育"，他们的教育理念都主张教育与生活的一致性，强调课程的开放性，让学生走出教室，置身社会，在人类群体生活中学习。课程不能是单一、理论化、线性的科学世界，教师要从胡塞尔所说的"自然科学的被遗忘了的意义基础"的"魔咒"中摆脱出来，通过与学科、多样化学习方式、弹性课时等多种方式实施整合。学生带着"活动导学单"开展实践探索，用自己的眼睛观察生活，用自己的思想感知社会。指导老师根据评价量规进行实时评价与总结性评价，促进了课程目标的达成，实现学校教育与社区教育的有机融合，逐步实现回归生活的教育。

（三）促使心灵绽放

课程不仅是传递知识的载体，同时也是内塑修行，滋养心境，让心灵之花得以绽放的旅程。印度哲学家克里希那穆提在他的著作《教育就是解放心灵》中提道，教育不应该使孩子的心灵"沿着狭窄的轨道运行"，进行"一种机械的生活方式，一种心智的模式化""绽放意味着自由，植物的生长需要自由"。而学校的课程设置，也应尽量遵循孩子心灵发展的需求，通过自由多样、生趣十足的课程内容，去充盈拓展他们的内心，使他们的心灵得以强健丰满、积极向上、包容豁达，如春之花朵般绽放异彩。

二、"美好课程"的生长土壤

（一）学校教育实然状态的调查及分析

1.现状调研及背景分析

前期调研工作从2018年6月底持续至2018年12月底，具体推进步骤如下：

（1）课程建设现状调研

如图2-1所示，2019年，汝河新区小学对现有的课程实施方案进行文本梳理，了解学校课程产生的背景与发展阶段。通过对各层级教师的访谈，初步了解当下学校课程发展的情况。设计并梳理调研框架，通过问卷调研，全面了解课程设置与实施的整体情况，以及教师、学生和家长对课程实施的反馈。

图2-1　课程建设项目调研方法

文本梳理主要针对学校现有的资料进行分析梳理，重点是对学校现有课程实施方案进行基础信息梳理和深层研读。

实地访谈主要包括：中高层教师访谈，了解其对于学校课程发展现状的看法；基层教师代表访谈，深入了解一线教师们的想法与态度，初步寻找可用于本校课程的核心要素。

问卷调研针对学校管理层、教师、学生、家长，全面了解不同对象对现有课程发展的反馈，深入挖掘课程实施的优劣势。

校长：了解办学理念、课程理念、课程整体思路框架及实施情况。管理层：课程负责人员（了解课程整体实施情况）、教务和后勤负责人员（了解课程管理、支持等情况）。基层教师：了解课程的具体实施情况。

专题研讨主要是针对学校课程理念、目标、框架进行研讨，以达到最终完善学校的课程实施方案。

（2）现状分析的维度

①课程设置（课程理念、课程目标、课程内容）。

②课程实施（课程形式、课时安排、课程资源）。

③课程评价（评价方式、课程成效）。

④课程管理（制度保障）。

（3）课程诊断结果

①学校的课程资源短缺阻碍课程建设，亟待提高。

②教师的课程资源意识相对要弱一点。

③学生的主动学习意识还可以提升，学生的创新素养有提升空间，学生的审美能力有待提升，学生的学习自主性有待提高，学生的良好学习习惯养成还可以提升。

（4）课程应然状态

教师们觉得应该开设的课程或活动：66名教师提到实践活动、人文底蕴、社会责任这三方面课程或活动最多。

学生们最希望学校将来开设的课程或活动：对860名学生提到的课程或活动，剔除无效答案并进行编码统计，其归纳为体能、艺术、生活技能、表达、阅读、思维共6类课程或活动。

2.课程理念策划

根据课程现状调研结果，以及相关的背景分析，进行学校课程理念的梳理和策划，通过过程性研讨进行调整，最终形成本校的课程理念，并进行内涵诠释。

3.课程框架设计

基于课程理念，融合学校的基础型课程、拓展型课程和研究型课程，凸显特色，进行结构的重构，最终设计形成学校整体课程框架（见图2-2）。

图 2-2　课程建设项目推进思路

4.课程方案完善

综合前期的过程性成果，最终完善学校的课程方案。同时，为方便不同对象对学校课程方案进行解读，分别出具教师课程实施方案和课程方案学生版。

三、美好课程的理论支撑

教育是面向未来的事业。从这个意义上讲，我们在思考教育的目标和方向的时候，不仅要紧紧把握时代的脉搏，更要未雨绸缪，为加快到来的未来做好准备。我们教育的对象会在10~15年以后进入社会。10年以后的社会将发展成什么模样？我们的学生是适应未来，甚至引领未来，还是被未来所淘汰？什么知识能够联通过去、现在和未来？什么样的课程最适合学习者用以应对21世纪的挑战？

（一）脑科学：改善教学的新力量

脑科学的研究成果表明，大脑的基本功能依次是：生存反应、满足情绪的需要、认知学习。在让学生开始学习之前，教师首先要满足他们的情绪需要，要让学生感到安全、快乐，积极的情绪能提升他们的学习效果，激发创造力。而处于压力环境下所产生的负面情绪如紧张、焦虑、恐惧等则会损害注意、记忆，对学习有不利影响。

大脑在学习新事物时，最初会感觉比较费力，因为它需要更多的专注和努力。所以在获得一项新技能的过程中，大脑自然倾向于放弃，或回归到熟悉的方法，因为这样的处理方式更轻松。所以教师要将新知识与先验知识联系起来，一方面是有助于降低新知识的难度，使学生更容易接受，新知识也更容易进入长时记忆；另一方面则是让学生心里与学习内容建立了情感联结，使新知识与学生具有更多联系。

每种感官处理信息的方式都略有不同，并各自以独特的方式将信息存储在大脑中。如果在教学过程中让学生动手操作，去感知、去体验，激活各种感官，那么他们将获得更多的存储和检索信息的方法，这样的教学方式会让学生学得更快，记得更牢。近些年来大受欢迎的项目式学习、小组合作探究、综合实践活动等教学方式效果显著，原因也在于此。

随着神经和认知科学的发展，越来越多的教与学的秘密被揭示出来，教师借此将能更有效地提升教学的效果，更科学、理性地应对孩子的各种问题行为。尊重科学，同时也让教育回归到了原点——尊重每个独特的大脑，尊重每个独特的个体。

（二）融合课程观：经典课程理论的实践运用

关注课程发展的历程，我们就会发现有一条线索逐渐凸显，那就是对人的关注。课程学习从一开始的关注技术、关注科学、关注成人的目标和社会的要求、关注学科的基本结构和专家的作用，到逐渐关注人的主体作用，关注教师、学生在课程中的地位，再到关注各方主体的课程审议，到概念重建主义和后现代主义课程观，不仅关注人的主体地位，更关注儿童的感受与体验，关注人与人之间的差异、人与人之间的相互对话与理解。总的来说，随着社会的发展，人的主观能动性越来越受到重视，人的主体作用在课程研究当中明显的功利主义与工具主义倾向、科学霸权主义越来越弱化。

我国的第八次新课改综合了各家学说，既有所保留，又在理念上出现了比较大的突破。比如，将课程目标指向完整的人的培养，重建儿童的现实生活，把儿童培养成能够适应未来的"可能生活"的主体。在课程内容上，强调回归生活世界，扭转"知识本位""科学本位""理论本位"的旧课程内容观。在人和课程之间的关系上，把儿童视为一个活生生的、生活着的人。树立了课程"以人为本、为人服务"的思想，强调学生对课程的主动掌握、反思和生成，力图改变过去那种"人被课程奴役""人是知识的容器"之异化状态。概念重建主义课程观中的课程概念和"体验""文本""对话""理解"等词语在新课程改革中经常被提及。

汝河新区小学在推进课程改革的过程中，逐渐认识到，学生的兴趣和需求，是学校课程变革首先需要考虑的因素。通过调查发现，学生对综合课程和实践课程有极大的兴趣和需求，尤其集中在科技、体育与艺术方面，同时，对学习生活技能的需求也逐步加大。所以在现有课程的基础上，研发和开设更加多元的课程，已成为促进学校发展和学生核心素养提升的必需。

汝河新区小学从2019年开始了"基于脑科学的学习能力提升"研究。在这项研究中，学校以脑科学和融合课程观理论为指导，在参阅大量文献、调研、思考和讨论的基础上，进行一系列有益的探索，确定了以"科学用脑　成就美好"为课程理念的"美好课程"体系。

（三）实事求是：围绕办学理念整体定位

办学理念：与美同行，向好而生。

教育使命：让成长因教育而美好。

课程理念：科学用脑　成就美好。

课程目标：让学生品味美好，追寻美好，创造美好生活，为美好人生奠基。

1.办学理念：与美同行，向好而生

只有关注每一个生命的教育，方能真正抵及心灵，滋养和升华人格，丰富生命内涵。学校力求以美德、美情、美境、美事来营造一种影响生命的人文氛围；让好人、好事、好学、好习惯围绕于成长的各个阶段，从课程、课堂、教学、管理等维度，去诠释"美好教育"带来的教育途径。

汝河新区小学立足校情，反复论证，确立了"美好教育"的发展之路，对"美好教育"的基本内涵进行了明确的界定，明确了"与美同行，向好而生"的办学理念，从实施"美好德育""美好课程""美好文化"等途径分步实施，精心塑造"睿智、博雅、阳光、创新"的四"优"美好学子，建设具有卓越影响力的"美好教育"先行校、示范校，为推进学校教育更加公平、更高质量、更加和谐而砥砺前行。

2.教育使命：让成长因教育而美好

教育使命是办学的价值观。"美好教育"的教育使命，是让教师、学生、家庭每一个生命的人生因教育而更加美好。

每一个孩子都是绚丽的花朵。作为教育者，我们面对的是一个个洋溢着灿烂微笑、欢唱出动听歌声的孩子，是具有生命意识、具有发展潜能、具有独立个性和社会意义的活生生的人。孩子是祖国的未来，是民族的希望，他们如灿烂娇柔的花朵，只有精心呵护、细心培养、让每一朵小花都幸福地绽放、祖国的大花园才能香气四溢、鲜花烂漫。

3.课程理念：科学用脑　成就美好

时代发展改变了知识体系与获取方式，在人工智能时代，知识的爆炸式增长将成为常态，获取的方式也将更加方便与智能。在这个背景下，生僻的知识、碎片化的知识、僵化的知识将失去在大脑中存储的意义，而系统的知识、广泛联系的知识、能灵活应用的知识才是有别于存储器上储存的知识，才是能为智力提供强大支持的知识，也才是我们的教育需要重点传授的知识。知识获取的场所也从教室扩展到全空间，获取的

媒介也从书本拓展到混合现实，获取的途径也从被动接受拓展到主动提取，传统的知识教育模式必将发生重大变化。基于上述认识，我们确定了"美好课程"体系的课程理念："科学用脑 成就美好"。

4.课程目标：让学生品味美好，追寻美好，创造美好生活，为美好人生奠基

学校是一个充满人文关怀的地方。教育是生命过程的重要组成部分，是学生的成长方式，也是其塑造个性、奠基人生的重要手段。只有充满人文关怀的校园，才能还原教育的自然本色。人文关怀是以人为本的必然要求，是教育的价值诉求。在人文校园的熏染和浸润中，师生的活力被激发，潜能得到发展，学校教育不断产生新质，文化底蕴不断积淀。充满人文关怀的校园是师生共同成长的精神家园。

"美好课程"突破封闭式、以知识传授为主旨的课程文化局限，给予课程开放的视野、多元的视野、唯美的视野、令人愉悦的视野，让课程成为孩子们探求未知世界的美好乐园。通过"美好课程"给予孩子们成长的营养，赋予孩子们关涉幸福的教育。我们相信每一个孩子都是美好的天使，是祖国的花朵、民族的希望、世界的未来。"春风绽放花千朵，时雨浸润心万颗"，希望我们的教育如春风化雨，浸润、滋养每一朵花儿，让孩子们的美好童年五彩缤纷、幸福绽放。

第二节 "美好课程"体系的内涵展现

一、"美好课程"体系的框架图谱

汝河新区小学以"美好教育"为教育核心，肩负"让成长因教育而美好"的教育使命，在"与美同行，向好而生"的办学理念指导下，以培养"睿智、博雅、阳光、创新"的汝河学子为目标，开始不断地推进学校课程建设。学校围绕"科学用脑 成就美好"的课程理念，以"让学生品味美好，追寻美好，创造美好生活，为美好人生奠基"的课程目标制订了学校总的课程框架。

基于全脑科学开展高效教学是实现美好教育的重要路径，所以我们构建了学术脑、抽象脑、艺术脑和创造脑四"脑"美好课程（见图2-3）。在四"脑"美好课程体系下，安排的有国家课程、地方课程、ITC项目特色课程和美好特色课程，共四级课程。ITC项目特色课程是在左璜教授跨学科主题统整课（Interdisciplinary Themed Course）的基础上进行进一步解读而来的。Instinct Technology Creation（发挥本能、习得技术、激发创造）简称ITC项目特色课程。ITC项目特色课程学材由学校教师团队自己研发、编制。

图2-3　"美好课程"图谱

二、"美好课程"体系的整体解读

（一）"睿智"课程

1.课程定位

"睿智"一词出自韩愈的"非睿智博通，孰克究明？""睿智"课程是以脑科学、神经突出联结理论和人的全面发展学说为依据，围绕数学、推理、分析等能力开发的系列组合课程。"睿智"课程旨在提升学生的抽象思维能力、分析推理能力，培养理性思维。"睿智"课程基于核心素养文化基础领域科学精神的培养要求，在人的全面发展理论的指导下，以发展学生理性的左脑为主要方向。它是"美好教育"课程体系的一个重要分支。"睿智"课程代表着学生的智慧与才能，又称作"学术脑"课程。

"睿智"课程的主要阵地是数学与计算机科学，其中特色项目必修课"绘行天下"是从数学绘本阅读出发，融合了空间、算术、分类、测量四大数学模块，拓展数学课堂基础知识、增加数学趣味阅读空间、发展学生思维能力、提升学生思维品质的课程。

2.课程总体目标

"睿智"课程的学习能使学生在各阶段数学绘本项目式学习的过程中：通过数学绘本阅读拓展平时数学课堂知识的广度，体验数学知识中的乐趣；在创编数学绘本的过程中感受数学活动的乐趣、发展创新思维、提升应用能力；在表演数学绘本中注重促进全脑发展落实核心素养，感受课程带来的剧本编制之美、角色设计之美、表演动作之美、创新思维之美，深刻体验美好数学课程，成为一个多元发展的汝河睿智学子。

通过"睿智"课程的学习，学生的理性思维得到提升，培养出批判质疑、勇于探究、善学乐学、勤于反思的良好学习品质，为更好地成为全面发展的人奠定思维基础。

3.课程实施建议

"睿智"课程通过一系列方式落实到具体的教育教学活动中的过程。新课改以来，课程实施倡导以学生为主体，教师在教学互动中发挥主导作用。"睿智"课程实施的最终目的是立足"美好教育"学校特色，拓宽学生视野，发展学生理性思维，促进学生个性张扬与兴趣发展。

课程的实施取向体现教育观，影响教师在课程实施过程中秉持的教育理念和教育方法，并最终影响教育目标的达成。"睿智"课程实施要求教师有明确的价值取向，实施过程中教师要落实以下课程实施价值取向，并以此彰显"睿智"课程的实践价值。

（1）课程实施的"能力拓展"取向

"睿智"课程的目的是拓展学生能力，满足学生的个性化需求。拓展在国家课程、地方课程和校本课程中习得的基本知识与技能，通过合作化学习促进学生"理性左脑"发展。

（2）课程实施的"兴趣激发"取向

兴趣是积极探索某种事物和爱好某种活动的心理倾向，学生一旦对某一事物产生兴趣，就会有认识事物和探索事物的内部动机。"睿智"课程除了通过教师的主导推进学生能力拓展，更重要的是在实施过程中激发学生思维的"兴趣"，此处的"兴趣"包含两个方面：一是学生学习"睿智"课程内容的兴趣，二是学生在学习"睿智"课程的过程中融入自己已有的生活兴趣以及形成新的兴趣。

（3）课程实施的"超越创生"取向

"睿智"课程注重学生的思维发展需求和个性化发展，因此更加注重课程实施过程中的"创生"，即教师和学生在合作与交流中创造个人经验的过程。

（4）实施过程中秉承"美好课堂"教学形态

"睿智"课程隶属于"美好课程"体系，在"美好课程"构建过程中我们已经形成了具有良好教学效果的"美好课堂"教学形态。

"美好课堂"教学形态是一个循环往复的过程，课堂实施建立在"生活情境"中，通过创设实际生活情境，激发学生学习兴趣或者引导学生将所学应用在生活之中。以"睿智"课程项目必修课"绘行天下"为例，教师依据学生直观思维发展的特点，从数学绘本筛选、推荐阅读入手，在课程实施过程中取优质绘本进行学习，发挥"绘本"图文结合的优势，为学生进行"读图—读文—联系—沟通—分析—思考—创造"创设思维发展的广大空间。

（二）"博雅"课程

1.课程定位

"博雅"意为广博风雅，渊博雅正。"博雅"课程是以脑科学、神经突出联结理论和人的全面发展学说为依据，在项目式的学习过程中，围绕语言文字、口语表达等能力开发的系列组合课程。"博雅"课程通过阅读与鉴赏、表达与交流、梳理与探究、背诵与内化等一些学习活动，让学生逐步掌握语言文字特点及其运用规律，形成个体言语经验发展。

"博雅"课程基于核心素养文化基础领域科学精神的培养要求，在人的全面发展理论的指导下，以发展学生理性的左脑为主要方向。"博雅"课程的主要阵地是语文与英语，它是"美好教育"课程体系的一个重要分支。其中，特色项目必修课"诗情画意"是从中国二十四节气古诗词出发，与自然人文相融合，注重学生合作、体验、创新等方面能力的培养，让学生能跳出课堂，走进自然，让学生审美鉴赏与创造、文化传承与理解等方面都获得进一步的发展，坚定文化自信，自觉弘扬社会主义核心价值观，树立积极向上的人生理想，为全面发展和终身发展奠定基础。

2.课程总体目标

2014年4月，教育部印发《关于全面深化课程改革落实立德树人根本任务的意见》，其指出我们应当培养学生的核心素养，即培养学生应具备的能适应终身发展和社会发展的必备品格和关键能力。而后，北京师范大学发布《中国学生发展核心素养》报告，指出中国学生发展核心素养包括文化基础、自主发展、社会参与等三大领域。从学会学习来看，"博雅"课程可以帮助小学生探索人生发展目标，把学习与现实生活、未来发展联系起来，让学生找到学习的意义。同时，对于小学生而言，他们需要经历从低年级的外部动机（如希望通过学习来获得老师表扬）到高年级逐步启动内部动机（即为自己而学习、为学习而学习）的转变，"博雅"课程可以有效地推动这个转变，让学生找到学习的意义，乐学善学。从健康生活来看，"博雅"课程以培养学生自主探索、自主管理、自主决策、自主行动、自主反思能力为主要方向，让学生主动去规划自己的人生。只有当学生感到自己的人生之路是光明的、有意义的，他才能发自内心去珍爱自己的生命，体会人生价值。如"诗情画意""经典诵读"特色课程使学生可以挖掘自己的潜能和自我价值，在实践中逐步达到健全人格和自我实现的目的。从人文底蕴来看，核心素养对人文情怀的追求与生涯教育不谋而合。"博雅"课程中的"诗情画意""经典诵读""戏说动画"特色课程让学生认识并学习经典，这亦是与人文情怀中尊重、维护人的尊严和价值相契合。从责任担当来看，"博雅"课程注重让学生探索外部世界，找到工作的意义，而这个过程便是让学生接触社会的过程。对于懵懂的小学生而言，通过"模拟联合国"这个课程，让他们认识到不同社会角色的责任与使命，从而树立起正确的职业观和价值观，成长为对自己、对国家和社会负责的有志少年。从实践创新来看，"博雅"课程的重要实施形式便是体验式教学，让学生在实际行动中认识劳动、尊重劳动，注重在活动中发展学生的主动性和创造性。

3.课程实施建议

"博雅"课程要通过一系列方式落实到具体的教育教学活动中。新课改以来，课程实施倡导以学生为主体，教师在教学互动中发挥主导作用。"博雅"课程实施的最终目的是立足"美好教育"学校特色，旨在培养学生具有广博的知识和优雅的气质，让学生摆脱庸俗、追求卓越。提升学生的文化理解能力和自主发展能力，具备宏观的视野。课程的实施取向体现教育观，影响教师在课程实施过程中秉持的教育理念和教育方法，能更好地培养学生的主体意识，完善学生的认知结构，改善学生学习方式，提高学生自我管理和选择学习的能力，促进教师的专业成长。"博雅"课程实施要求教师有明确的价值取向，实施过程中教师要落实以下课程实施价值取向，并以此彰显博雅课程的实践价值。

（1）课程基于"文化的传承"取向

博雅课程的目的是提升学生的人文素养，着力拓展学生学科素养，鼓励创新，建设与学生探究、研究相匹配的系列活动，满足学生的个性化发展。

（2）课程实施的"兴趣激发"取向

兴趣指对事物喜好或关切的情绪，如果学生能够有兴趣地学习，并在学习中体验愉悦、体验成功，便能激发学生强烈的求知欲，它可以使学生集中精力去获得知识，并创造性地完成当前的活动。"博雅"课程除了着力于学生的能力素养的提升，更应在实施过程中激发学生的兴趣，调动学生参与学习的积极性。

（3）课程实施的"超越创生"取向

"博雅"课程注重学生的人文和素养的提升，除了通过教师的主导推进学生素养的提升，更重要的是在实施过程中激发学生新的思维，既有民族情怀，又有国际视野。培养学生能力的同时，也提高他们的自信。因此，应更加注重课程"创生"的过程，即教师和学生在合作与交流中创造出新的经验。

（4）实施过程中秉承"美好课堂"教学形态

"博雅"课程隶属于"美好课程"体系，在"美好课程"构建过程中我校已经形成了具有良好教学效果的"美好课堂"教学形态。"美好课堂"教学形态是多样化的，课堂实施建立在"生活情境"中，教师可通过项目参与、社会实践、角色扮演等多样化教学手段，激发学生学习兴趣或者引导学生将所学应用在生活之中，开展多学科多领域的探索，更强调跨学科的整合，引领学生在不同领域中提升认知能力、思考能力、沟通能力等。

（三）阳光课程

1.课程定位

"阳光"课程是汝河新区小学特有的课程，是融合体育、美术、音乐三门学科的课程，"阳光"课程目的是促进学生运动能力、鉴赏能力、表演能力的综合提升。让学生通过感知、感悟和体验感受三门综合学科的熏陶。培养健康的审美情趣，丰富自己的精神世界，积极参加体育等实践活动，"阳光课程"克服了传统课程的单一性、乏味性，能促进学生的综合发展。

"阳光"课程主要是以中华优秀传统文化戏曲为主线，武术为辅线，以美术绘画为分支：音乐以学习戏曲唱段为主；体育以武生、花旦表演为主；美术绘画制作戏曲配饰，将三门学科以戏曲表演的方式呈现。拓展学生的绘画知识基础，增强武术和音乐的实践表演技能，发展学生实践能力、提升学生合作能力。

2.课程总体目标

通过"走进梨园"课程，学生对戏曲有了了解和赏析的能力，初步掌握一些传统戏曲名段的演唱技巧和表演技能。通过"走进梨园"，学生在基本掌握戏曲的演唱和表演技巧的同时，学会脸谱绘画，培养实践创新能力。"走进梨园"，不仅培养学生仔细观察的能力和动手操作的实践能力，还能使学生感受美，感受戏曲文化的博大精深，戏曲艺术的文化魅力，从而使学生热爱艺术，有助于振奋民族精神，传承优秀中华文化。

3.课程实施的建议

"阳光"课程的目的是拓展学生的实践综合能力，满足学生的艺术创想需求，拓展在国家课程、地方课程和校本课程中学习基本知识和技能，通过美术、音乐、体育的三门课程的融合，促进学生的综合实践能力的提升。

一是以课堂为阵地，落实学科渗透。

课堂是学校教育教学的主阵地，是实施"阳光教育"的主渠道。培养"阳光少年"的艺术课程，必须落实到每一节课堂上。因此，学校将知识性课程上升到艺术特色实践课程，把培养目标落实到相应的学科课程教学中，贯穿于艺术课程的教育教学中。

二是以活动为载体，搭建展示的平台。

积极创设学生展示自我的舞台、利用各种民俗节日，给学生搭建平台，保证学生活动参与的积极性、主动性。学生在丰富多彩的艺术活动中，通过表演、绘画、武术相结合的综合学习，为培养自身核心素养打下良好的基础。

三是课程的评价——在多元化评价中呈现成长的印记。

学校结合育人目标，针对学生发展要素进行教学目标及方法的分解，制订《阳光学生素质评价手册》，对学生学习国家课程、校本课程和特色课程的情况进行多元化的评价——由教师、学生、家长进行综合评价；对课程成果展示由多方面进行评价；针对汝河新区小学的育人目标，制订评价表，对学生的核心素养的发展进行多元性、客观性的评价。

"美好课堂"实施建立在"表演形式"中，通过营造艺术情境，激发学生学习兴趣或者引导学生将所学艺术与生活相结合。以"阳光"课程项目必修课"走进梨园"为例，教师依据小学生敢于表现、创作能力强、思维敏捷等发展的特点，从戏曲的筛选、激发学生兴趣，在课程实施过程中选择适合学生学习的戏曲进行学习，发挥"音体美"美感、律动、运动相结合的优势，为学生进行"选曲—学唱—绘制—练习—综合—沟通—分析—思考—创作—表演"的学习过程提供支持，为学生的创新思维提供了广大的发展空间。

（四）"创新"课程

1.课程定位

劳动创造美，创新改变未来。

创新是一个民族的灵魂，是一个国家发展的不竭动力。学校教育是知识创新、塑造创新人才的基地，而培养创新精神和实践能力又是我国深化教育改革，推进素质教育的重点。"创新"课程将借助"纸"活动，融合科学、劳动、综合实践三门学科，围绕情感、想象、创意素养开发出系列组合课程，培养既能创造美好，又能感悟美好生活的美好创新学子。

"森林乐园"课程面向低年级学生，秉承"美好教育"的理念，使学生通过纸艺课——"森林乐园"——中五个主题的学习，充分提升自己的综合素养，培养创新精神，锻炼动手能力。课程学习中鼓励学生充分发挥想象力，将自己所学知识真正运用到生活当中，达到学以致用，能够对周围事物保持强烈的好奇心和求知欲，学会用探究的方法了解纸的世界，用纸创造美好。课程着力提高学生的各项实践能力、劳动技能与思想道德素质。

2.课程总体目标

课程面向全体学生，秉承"美好教育"的理念，学生通过纸艺中研、创、展三个版块的学习，充分提升自己的综合素养，培养创新精神，锻炼动手能力。课程学习中鼓励学生充分发挥想象力，将自己所学知识真正运用到生活当中，达到学以致用，能够对周围事物保持强烈的好奇心和求知欲，学会用探究的方法了解纸的世界，用"纸"创造美好。

研：通过"森林乐园"的学习，学生知道"森林乐园"中的各种动植物都是由各种纸制作而成，引发学生对纸的探究兴趣，从而从"纸张变变变"了解纸的起源与发展，从纸的"漂流"了解纸的种类与特性，从"用途多多的纸"探索纸的作用，从飞翔的"小愿望"中进行纸飞机的制作，最后从"千变万化的纸"让学生对"纸艺"产生浓厚兴趣，提高学生的动手能力、小组合作能力和探索能力。

创：通过"聪明的小熊"让学生了解纸的其他用途，体验创造的快乐，感受纸趣魅力。学生在活动中形成尊重事实、依靠科学解决问题的思维方式，能准确表达自己的观点，理解和评价别人的观点。

展："'纸'装秀"让学生通过对纸的创造性设计体验创新的快乐，感受劳动之美。学生利用多种类型的纸，充分发挥想象力和创造力进行创作，学习中体会纸艺制作的实用及装饰功能，感受纸艺创作的乐趣，培养动手操作能力及设计、工艺制作意识进而激发学生热爱生活的情感，感受劳动的乐趣。让学生品味美好，追寻美好，创造美好，为学生的美好人生奠基。

3.课程实施建议

加强教师课程理论知识培训，多开展相关课程的培训活动，提高教师对课程建设的认识和理解，全面了解课程的种类、体系结构、实施途径、作用与意义。

完善课程建设制度与监督机制；建立健全课程建设制度体系，设立课程实施质量监督机制，定期巡查课程课时计划落实情况，定期组织学生进行访谈，问卷调查，了解学生对课程的满意情况；定期组织课程执教教师进行访谈，了解任课教师对课程教材内容、目标制定、实施开展、评价方法等方面的意见和建议。

三、"美好课程"体系的认知逻辑

（一）让课程内容具有整合性

根据学生实际需要，顺应时代要求，需要加入一些合适的课程，要解决在有限的时间里保证国家课程的全面落实再安排一些适合本校学生的个性化课程，进行学科统整就是较好的方式之一。

学科内的渗透式整合：一是打破原有的只使用一个出版社的教材原则，结合教材内容选取其他版本的相关联的精华内容进行补充和拓展；二是结合原有教材内容和其他教材的相关内容进行拆分、糅合、加工，整理成系统的或更深层次的探究课程；三是尊重学科的独立性，尽可能地挖掘与学生生活以及个体相关联的点，增强学科的生活属性、社会属性。

学科间的交融式整合：先深入研究各学科的本质，对于学科属性相通，学习方式一致，学习规律雷同的学科进行分类、整合，最终将其整合为"睿智"课程、"博雅"课程、"阳光"课程和"创新"课程四大课程体系。

跨学科的整合：跨越多门学科的，同时也需要跟课外活动，社会生活发生链接的。多从学生的角度考虑生成研究主题，适合学生去探究综合的、系统的知识。努力培养学生综合运用知识的能力，发现问题、解决问题的能力，深度思考，敢于质疑，勇于创新等能力。

（二）让课程标准具有参考性

根据国家课程标准，深入调研学情，依据已经整合的四大课程，制定并研发四大课程的课程目标和评价标准，进而明确各项课程的实施标准，为优质课堂提供明确的参考。

（三）让课堂实施具有操作性

在四大课程的课程目标和评价标准的基础上，学校微团队教师结合校情研发了四大课程中ITC项目特色课程的学材，使得教师在进行四大课程实施时，操作起来更加方便、明晰。

第三节　"美好课程"体系的实施途径

一、"美好课程"体系实施的基本原则

学校在"美好课程"实施的过程中采取"科学设置、以人为本、基于实际、逐步深化"的策略，形成了课程实施方案。形成必修课程由学校科学地统一安排，选修课程由学生自由地选择这一基本思路。体现以人为本的精神，以促进学校持续发展、教师专业成长和学生终身发展为基本价值的取向。

学校"美好课程"体系实施工作遵循的基本原则是：

（一）目标导向原则

学校坚持贯彻国家教育方针，根据中原区"品质教育"的发展理念

和"守中归原"的教育哲学，围绕"美好教育"，朝着"培育睿智、博雅、阳光、创新的美好学子"的育人目标，在进行"美好课程"体系实施时，以目标为导向，坚持德育为先、智育为重、体育为基、美育为要、劳育为本，落实五育并举，以此来确保学校"美好课程"体系在实施时走对方向。

（二）实事求是原则

学校对周边资源进行调研、挖潜，依据课程现状、学生需求，以脑科学理论和实践为指导，积极探索，凝聚特色，强调整合，以此来确保学校"美好课程"体系在实施时走得稳当。

（三）持续发展原则

课程作为教育价值实现的基本载体，承载着国家、地方和学校对人才培养的要求。随着社会发展、科技进步，国家及社会对人才的培养要求也在不断发展变化，这些变化必然会反映在学校的课程之中。学校在进行课程实施时，要关注时代热点，坚持可持续发展的原则，打开教育与生活、学校与家庭、知识与实践之间的隔阂，打通它们之间的联系，帮助学生理解知识的丰富多样性，提高学生的实际生活能力，培养他们独立创新、勇于探究的科学精神，为学生个体的终身发展奠定基础，以此来促进学校师生的持续发展，同时促进学校的可持续发展。

二、美好课程体系实施的保障措施

（一）管理先行

学校在"美好课程"进行前期设想，初步架构之时，就成立了"美好课程"领导小组，以加强对课程的整体管理。在这个领导小组中，分工明确，各司其职。领导小组由校长、教学副校长、宣传副校长组成，组员主要由教导处主任、后勤处主任、教研组长、微团队教师组成。

学校书记、校长是课程总的领导者和决策者，统筹负责课程实施工作，协调各方面教育资源。教学副校长负责整体规划学校课程、课程与教学评价，组织有关课程调整和发展的会议。宣传副校长负责多渠道向家长宣传课程实施工作情况，增强家长对课程主动参与意识，增强其对课程实施的关注和支持，使家长成为有效的课程资源。教导处主任负责决定各级课程之间的课时及比例，制订调节不同季节的作息安排，落实课程的配套措施，负责组建课程资源库等。教研组长负责及时交流反馈课程实施的发现、经验，总结组内教师在课程实施中的共性问题，统筹课程资源共享等。微团队教师负责课程内容的创新设计和优质示范课的展示引领。后勤处主任辅助教导处主任进行课程实施各类物资的采购，落实课程的配套措施，做好各项资源保障工作。家委会适度参与课程的实施、监督和评价。

微团队教师的组建是在学校前期一次次召开专题会议后确定的。学校前期围绕课程体系构建这一中心问题，召开了多次全体教职工会议，学校教师各抒己见，交流碰撞、梳理复盘、积极研讨……在多次碰撞后，学校课程领导小组认真记录每位教师的具体表现，而后根据记录到的相关情况，主要从教师个人教研热情、专业知识能力、所授年级学科、问卷结果分析、个人优势领域等多维度，全面、科学地进行考虑，均衡地吸纳教师成员，组建成学校的课程微团队。

（二）制度跟进

教师是课程的参与者，构建者，实施者、反思者，完善者，故教师的专业认知水平和行为习惯是决定课程改革深度的重要因素。所以学校制定了完善的课程管理制度跟进课程的步伐，引领教师不断成长，高质量地参与课程构建过程。

学校制定五级教研管理制度，即教师—教研组长—教导处主任—教学副校长—课程领导小组。各组教师在教研组长的带领下，每周进行课程专题教研活动，每位教师及时总结，汇报一周内就课程在开发以及实施过程中发现的问题对此进行集中研讨，并逐级上报。上报的原则是首先要在自己的团队范围内开展关键经验研讨，把握领域核心经验，突显领域目标，研究出相对应的A、B套解决方案。课程领导小组确定方案后，会再逐层倒回来进行沟通，最终由一线教师再次检验课程领导小组的决议。学校每月召开一次课程管理专题会，也会根据实际情况，增加专题会议次数，以便能及时获取信息与反馈，进行有效调控和调整。保证了教师在"研"字上下工夫，时刻把学生放在首位，一切从学生实际需要出发，从孩子已有认知出发，从孩子长远发展出发，不断地取舍、雕琢适合学生生活的课程内容。

学校也制定了师徒结对制度、日常培训制度、集体教研制度、科研奖励制度等。利用相关制度督促教师在日常工作中坚持理论学习为先导，在实践中反思成长。鼓励教师之间开展同伴互助，充分发挥骨干教师的示范、辐射和导向作用。同时为教师搭建有效的学习平台，"名师请进来，我们走出去"、线上+线下多种培训模式并行，满足不同层面的教师、不同个体专业发展的需求。保证了教师在"学"字上下工夫，实现教师成长常态化。学校对教科研成绩与学校绩效考核挂钩，对成绩显著的教师给予制定适宜的激励机制，以鼓励和引导教师参与教科研的积极性。

（三）资源保障

学校充分挖潜，通过科学统一采买、学生亲手制作、家长社区携手的三大途径来落实课程实施的资源保障。学校在课程实施前期积极召开课程具体负责人的专题会议，针对在课程实施过程中需要用到的学材、图书、视频资料、多媒体设备、游戏和教学软件、教学课件等进行全面梳理，并交由学校后勤部与教导处联合进行采买，分类收集和整理，形成了四大课程完整的配套资料，同时教导处也建立了课程资料库的整理清单和领取制度，确保课程实施过程中各类资料的有效循环使用。学校的创新课程体系下设有"OM"课程，教师在每学期初都组织开展一次"异想天开"和"废物的再利用"专题课程，并结合本学期"美好课程"

实施所缺少和所需要更换的教具、学具、教学模型为主题，由"OM"课程小组成员进行制作、展示、评比。此项活动既为"美好课程"实施提供了保障，又是"OM"课程教学评价的组成部分，可谓是用课程来成就课程。学校也通过创新课程体系下的劳动课程、学校少先队课程积极服务社区居民，主动扮靓社区环境，与社区建立了良好和谐的关系；学校通过评选"优秀家长"，开展"优秀家长大讲坛"等活动营造家校互促，携手共育的良好氛围。我们充分借助于社区与家长的力量将学生所在社区以及家长所在工作单位的各类书店、超市、敬老院、银行、地铁站、学校等均纳入课程实施领域，发挥家校、校社沟通的积极作用，为学校课程实施的稳步推进提供资源保障。

（四）课时调整

学校根据课程需要，孩子身心发展规律，合理规划上课时间的长短，以达到课堂效率最大化（见表2-1）。学校以课堂时间长短为依据，设置了大课、常规课、微课三种课型，相互穿插避让。

表2-1　汝河新区小学2021-2022学年第一学期一年级（1）班课程表

时间　课程　星期	星期一	星期二	星期三	星期四	星期五
8：05—8：25	ITC特色项目课程（诗词诵读）				
8：30—9：10	语文	数学	数学	语文	数学
9：20—10：00	数学	语文	语文	数学	道法
10：00—10：30	ITC特色项目课程（阳光大课间）				
10：35—11：15	体育	体育	道法	音乐	语文
11：25—11：50	ITC特色项目课程（森林乐园）	ITC特色项目课程（"绘"行天下）	ITC特色项目课程（戏说动画）	ITC特色项目课程（走进梨园）	ITC特色项目课程（诗情画意）
午餐+午休					

时间　课程　星期	星期一	星期二	星期三	星期四	星期五
2：30—3：10	语文	美术	健安	科学	班会
3：20—4：00	音乐	校本	书心	美术	体育
4：00—4：30	ITC特色项目课程（阳光大课间）				
4：30—6：00	特色美好课程				

三、"美好课程"体系实施的过程概述

"美好课程"体系是学校课程改革的产物，在其过程中经历了四个步骤：①调研确定——结合时代发展特征，学生成长规律，学校实然状态，确定学校课程改革的理念顶层设计。②统整开发——根据学校顶层设计，统整课程体系，扩展教材内容，团队研发ITC特色项目课程。③实践调整——将设计好的课程体系推广至学校的班级及学生，在实践中不断地进行调整。④常态开展——课堂形态及课程体系均定型完毕，进入正式课表，常态化实施。

第三章　ITC项目特色课程助力成长

第一节　ITC项目特色课程的产生和发展

"美好教育"课程体系的建构紧紧围绕人的全面发展学说和脑科学理论，学生的全面发展不仅体现在体力和智力获得充分的发展，还要求学校课程要给学生提供脑力与体力相结合，自由运用和发展自己能力的平台。

一、ITC项目特色课程在理念中孕育

"美好课程"体系将国家课程、地方课程与"美好"特色课程（校本特色课程）有机组合，课程内容螺旋上升且比较完善。国家课程与地方课程相辅相成，起着主要决定作用，规范着小学阶段必备的知识与技能，经历知识形成的过程掌握解决问题的方法，形成正确的情感态度与价值观。"美好"特色课程的自由选择性尊重着学生的个体差异，发展着学生的"特长"，让每个孩子有了更多的知识之外生活技能的学习与体验。这些课程都在各自的领域与模块发挥着育人作用，促进着学生的全面发展。

"美好教育"的最终育人目标是，培育博雅、睿智、阳光、创新的全面发展的"美好学子"。然而，在学生实际学习过程中其实缺少一个综合运用所学知识发展能力的课程平台，要达成"美好学子"的育人目标，学校需要建立一个学生能自由学习发展与全面综合运用知识技能的

课程学习平台，ITC项目特色课程在这个育人目标的实现过程中不断孕育发展。

二、ITC项目特色课程在探索中衍生

项目必修课程是学生综合运用国家课程、地方课程和学校特色课程中所学知识，并对更深、更广的知识展开自主探究、合作学习、研究研发、生成成果的平台。ITC项目特色课程设计与定位直接影响着"美好教育"课程体系的完备程度。

马克思关于人的全面发展学说和近年科学领域兴起的"脑科学"为"美好教育"让学生"品味美好，追寻美好，创造美好生活，为美好人生奠基"的课程目标提供了有力的理论依托。"脑科学"从科学的视角阐述了不同发展阶段人类的大脑不同区域的发展与变化，从脑细胞、神经元、脑的结构和意识等脑功能层面详细论证了神经系统的发育和思维的发展。大脑的均衡与全面发展规律能够给教育教学工作带来科学的指导。学校教育是"大脑的变革者"，"学习"统领着人脑发展的全过程，对大脑的"学习规律"掌握得越清晰，就越容易让教育教学对学生的成长起到促进作用。

促进人的全面发展是教育的追求，也是"美好教育"课程建设的终极目标。全脑教育理论中将大脑不同区域的特征与发展阶段进行了详细阐述，其中左脑（抽象脑、学术脑）加右脑（艺术脑、创造脑）的四大脑区理论为"美好教育"课程体系带来启发。应巧妙运用大脑的结构特征将全面发展统一在教育活动之中，遵循统一律、适应律、适度律的科学学习规律，进行项目必修课程的设计与开发。最终，学校依据四大脑区理论，结合"睿智、博雅、创新、阳光"四大课程分支形成了"美好教育"课程体系中的四大项目必修课程，即"博雅"——（抽象脑）"诗情画意"课程和"戏说动画"课程；"睿智"——（学术脑）"绘"行天下课程、"阳光"——（艺术脑）"走进梨园"课程、"创新"——（创造脑）"纸艺"课程（见图3-1）。

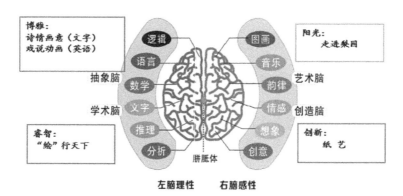

图3-1 "美好课程"ITC项目特色课程与大脑发展的关系

三、ITC项目特色课程在实践中发展

ITC项目课程是我校教师在左璜教授提出的ITC项目课程，即跨学科主题统整课程（Interdisciplinary Themed Course）的基础上，结合国家课程和地方课程要求融入学校教育理念元素，根据学生特点，结合老师自身特长，进行校本化解读衍生出的项目特色课程。ITC项目特色课程通过课程学习最大限度地发挥学生需要学习的本能 I（Instinct），主动习得技术 T（Technology），不断激发创造 C（Cration），从而全面落实中国学生发展核心素养。

在"美好教育"课程体系的培育下，我们希望我们的学生成长为具有创新思维、智力发展、有理解和学习能力的，掌握工程、技术能力，同时能与伙伴团结协作的，拥有未来"美好生活"能力的"美好少年"。在"美好课程"体系框架中，国家课程、地方课程和校本选修课程是学生获得知识技能、过程方法和情感态度价值观的主要阵地，ITC项目特色课程是综合支撑学生展示并运用这些能力的"舞台"，让每个学生学有所用，在不断地合作探究、运用反思中内化知识中，形成终身技能。所以说ITC项目特色课程在"美好课程"体系中起着重要的支撑作用（见图3-2）。

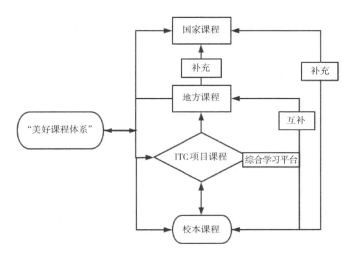

图3-2 "美好课程"体系中ITC项目特色课程的位置与作用

第二节 ITC项目特色课程目标制定

ITC项目特色课程开发的主要依据是国家和地方课程政策、学校办学实际和学生的实际发展需求，目标的制定必须谨遵学生身心发展规律和国家课程目标制定的要求与准则。

一、ITC项目特色课程目标制定的总体原则

基于ITC项目特色课程的特点和作用，依据"美好教育"培养睿智、博雅、创新、阳光的"美好学子"的育人目标和"美好课程"让学生品味美好，追寻美好，创造美好生活，为美好人生奠基的课程目标，ITC项目特色课程目标制定应遵循以下几个原则：

（一）学生的全面发展性原则

马克思主义关于人的全面发展学说从分析现实的人和现实的生产关系入手，指出人的全面发展的条件、手段和途径。人的全面发展有其基

本内涵，它包含人的体力、智力及思想道德等方面的全面发展；包含人在社会众多领域的才能及其创造；也包含在既定的历史条件下，人的个性的自由发展和如愿从事各种社会活动。学生的发展也应该是全面的，学生的各种最基本或最基础的素质必须得到完整的发展，学生的基本素质可以分解为诸多要素，即培养受教育者在德、智、体、美、劳等各方面都获得充分完整的发展。

ITC项目特色课程目标是对学生整体学习成果的概括和总结，课程的根本目标是支持"美好教育"目标的达成，学生的全面发展是最终目的。因此，ITC项目特色课程目标必须充分体现对学生各方面综合素养的全面发展要求。

（二）学生发展的阶段性原则

瑞士心理学家让·皮亚杰首次研究并描述了我们在构建外部世界心理模型时所经历的各个阶段。他认为孩子理解力突飞猛进的发展会发生在特定的年龄，在此之前，即使再聪明的孩子也无法理解下一阶段的概念。人类学习是高度社会化的过程，这一过程要学习非常复杂的技能，需要大量的脑力。皮亚杰对儿童构建外部世界心理模型的各个阶段有详细的解释：感知运动阶段（0—2岁）、前运算阶段（2—7岁）、具体运算阶段（7—11岁）、形式运算阶段（11岁及以后）。小学生所处学习阶段中经历前运算阶段和具体运算阶段两个重要的心理发展阶段，在制定ITC项目特色课程目标时要根据学生不同的心理发展阶段，制定合适的学习目标。

（三）国家要求与学生实际需求相统一原则

ITC项目特色课程首先应当在满足国家一般要求的基础上进行创新，尽力满足学生全面发展的合理需求。在我国，由于课程必然要极力体现国家对教育的主流价值观，因此课程目标必然是共性和个性的统一体。[①]2014年4月，教育部颁布的《关于全面深化课程改革，落实立德树人根本任务的意见》中指出："课程是教育思想、教育目标和教育内容的主要载体，集中体现国家意志和社会主义核心价值观，是学校教育教学活动的基本依据，直接影响人才培养质量。""各级各类学校要从实际情况和学生特点出发，把核心素养和学业质量要求落实到各学科教学中。"因此，ITC项目特色课程目标的制定必须满足国家对人才培养的要求，落实核心素养的培育。

教育家拉尔夫·泰勒曾说："教育是一种改变人的行为，对学习者的研究，就是为了找到需要教育机构促成的学生行为方式的变化。"[②]ITC项目特色课程目标的制定要依据学生的实际需要和兴趣发展，把学生的发展作为目标的主体，严格遵循国家主流价值取向，发展学生核心素养。

（四）体验性目标与结果性目标相统一原则

新课程改革强调学习的体验性，提出教学活动的体验性目标。课程学家威廉·派纳认为，课程不应该只是"跑道"，而应该是对个体生活经验的改造和建构，更强调的是"在跑道上奔跑"。教育部国家基础教育课程改革专家工作组编写的《基础教育课程改革纲要（试行）解读》中，对课程目标的两个维度：结果性目标和体验性目标（过程目标）进行了详细表述，两者具体的特点和区别如表3–1所示。

表3–1 "结果性目标"与"体验性目标"[③]

目标分类	目标特点	应用领域
结果性目标	● 明确告诉人们学生的学习结果 ● 所采用的行为动词要求明确、可测量、可评价	● 知识与技能

---

① 熊德雅等：《特色课程开发的逻辑起点与关键要素——探讨中小学特色课程开发的几个关键问题》，《中小学管理》2015年第11期。

② 拉尔夫·泰勒：《课程与教学的基本原理》，施良方译，人民教育出版社，1994年。

③ 温立三：《语文课程的当代视野》，中国社会科学出版社，2007年。

续表

目标分类	目标特点	应用领域
体验性目标或过程性目标	● 描述学生自己的心理感受、体验，或明确安排学生表现的机会 ● 所采用的行为动词往往是体验性的、过程性的	● 过程与方法 ● 情感态度与价值观

ITC项目特色课程应更加重视学生在学校生活自主中获得的体验，将过程性与结果性相统一、个体性与概括性相统一，重视学生体验特色课程的过程。

二、ITC项目特色课程目标制订路径及表述方式

依据"美好课程"体系中ITC项目特色课程目标制定原则，汝河新区小学开始进行"四脑"ITC项目特色课程目标制订。首先深入解读"美好教育"的内涵，依据国家文件要求整理并提炼课程群总目标和细目标，接着分层制订出年级目标和学习主题单元目标，进而形成ITC项目特色课程群整体目标体系（见图3-3）。

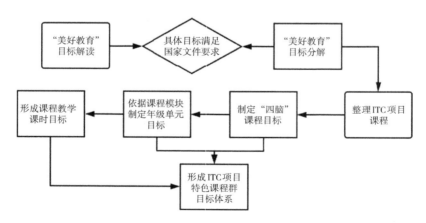

图3-3　"美好课程"ITC项目特色课程目标制订路径图

有了清晰的目标制订路径，ITC项目特色课程目标的表述还需要准

确科学的呈现，这样在课程后续实施过程中教师才能有很好的目标导向。目标的表述要有清晰的层次，表述时严格按照课程标准要求按照知识技能、过程方法、情感态度与价值观进行划分。经过不断地研讨分析学校明确了学习目标一般的表述格式：通过什么内容和（或）方式的学习，经历或体验什么，达到什么程度。也就是说，其中包含四个要素：主体、行为表现（行为动词＋核心概念）、行为条件和表现程度。

三、ITC项目特色课程目标体系

依据厘清的课程目标制定路径，学校按照国家课程标准要求，围绕"美好教育"育人目标和"美好课程"总体目标，规范目标的制定层次和表述方式，形成了"博雅、睿智、阳光、创新"对应"四脑"（抽象脑、学术脑、艺术脑、创造脑）课程群的具体目标体系，如表3-2所示。

表3-2 ITC项目特色课程群课程总目标及对应学生发展核心素养

美好课程 体系	ITC项目 特色课程	课程总目标	对应中国学生发展 核心素养
"抽象脑" ——博雅 课程	诗情画意	通过阅读与鉴赏、表达与交流、梳理与探究、背诵与内化等项目化语文学习活动，逐步掌握祖国语言文字特点及其运用规律，形成个体言语经验发展。同时在审美鉴赏与创造，文化传承与理解等方面都获得进一步的发展，坚定文化自信，自觉弘扬社会主义核心价值观，树立积极向上的人生理想，为全面发展和终身发展奠定基础	文化基础：人文积淀、人文情怀、勇于探究 自主发展：乐学善学、健全人格、自我管理 社会参与：社会责任、国际理解、问题解决
	戏说动画	在模拟联合国、英语绘本编演等课程内容学习过程中，充分运用英语这门语言，感受多样文化和不同语言的审美，积累语言经验，获得直觉思维，形象思维，逻辑思维，辩证思维和创造思维的发展	文化基础：人文积淀、人文情怀、审美情趣 自主发展：乐学善学、健全人格 社会参与：国际理解、问题解决

续表

美好课程体系	ITC项目特色课程	课程总目标	对应中国学生发展核心素养
"学术脑"——睿智课程	"绘"行天下	通过各阶段数学绘本项目式学习的过程中，拓展数学课堂知识，体验数学知识中的乐趣；在创编数学绘本的过程中感受数学活动的乐趣、发展创新思维、提升应用能力；在编演数学绘本故事的过程中促进全脑发展落实核心素养 　　感受课程带来的剧本编制之美、角色设计之美、表演动作之美、创新思维之美，深刻体验美好数学课程，成为一个多元发展的汝河睿智学子	文化基础：人文情怀、理性思维、批判质疑 自主发展：乐学善学、勤于反思、信息意识 社会参与：国家认同、问题解决
"艺术脑"——阳光课程	走进梨园	以传统戏曲和现代戏曲为资源，通过戏曲音乐、脸谱、戏剧装扮设计、武术动作学习等综合活动，培养学生健全的人格，健康的体魄，积极向上的美好品质	文化基础：人文积淀、人文情怀、审美情趣 自主发展：乐学善学、健全人格、自我管理 社会参与：社会责任、劳动意识、问题解决
"创造脑"——创新课程	纸艺	在"OM"课程的基础上，通过纸艺综合活动：研、创、展三个版块的学习活动，充分培养学生的创新精神，锻炼动手实践能力。鼓励学生充分发挥想象力，充分了解不同材质的"纸"的特性，运用自己所学知识探究"纸艺"的世界，保持对周围事物浓烈的好奇心和求知欲，学会用探究的方法了解纸的世界，用"纸"创造美好	文化基础：人文情怀、批判质疑、勇于探究 自主发展：乐学善学、勤于反思、信息意识 社会参与：社会责任、劳动意识、问题解决、技术运用

　　ITC项目特色课程群总目标明确了课程活动的主要方向，阐明了对应的学生发展核心素养，不仅为后续课程模块目标的制定指明了方向，而且为后续课程具体内容的选择与实施奠定了良好基础。

在总目标的基础上，严格遵循课程目标制定原则，"抽象脑""学术脑""艺术脑""创造脑"四个特色模块对应的ITC五个项目必修课程具体模块目标也有了详细的表述（见表3-3）。每个项目必修课对应的目标都得以一一细分和阐述，为后续的课程内容编制与实施奠定了良好基础。

表3-3 "绘"行天下课程总目标和模块目标
（"学术脑"——"睿智"课程体系）

课程名称	总目标	课程模块	模块目标
"绘"行天下	通过各阶段数学绘本项目式学习的过程中，拓展数学课堂知识，体验数学知识中的乐趣；在创编数学绘本的过程中感受数学活动的乐趣、发展创新思维、提升应用能力；在编演数学绘本故事的过程中促进全脑发展落实核心素养。感受课程带来的剧本编制之美、角色设计之美、表演动作之美、创新思维之美，深刻体验美好数学课程，成为一个多元发展的汝河睿智学子	美妙空间	通过数学绘本阅读拓展空间几何知识，培养空间观念；通过创编绘画，表演等活动增加数学学习的趣味性；感受不同"数学语言"的表达
		奇妙算术	通过数学绘本阅读拓展数的运算知识，加深学生对加减乘除基本含义的理解；学生通过延续绘本故事或者独创数学绘本；从语言设计，人物绘画，颜色渲染等方面感受艺术创作之美，体验数学绘本创编的乐趣
		精美测量	通过测量内涵的扩充，帮助学生理解测量的本质——单位的叠加（长度单位、面积单位、体积单位和时间单位）；学生运用自己创编的数学绘本，进行道具服装制作、表演布景绘画、演员剧本编排、舞台动作设计等具体活动体验绘本表演过程中统筹思维之美，促进多元智能发展，在团队协作中健全人格，幸福成长
		美好分类	通过数学绘本阅读拓展分类与统计的知识，增强学生对数据的敏感度，提高理解分析数据背后原因的能力；学生通过延续绘本故事或者独创数学绘本从多方面感受艺术创作之美，体验编演数学绘本的乐趣；养成好的分类习惯，为井井有条的美好生活做准备

第三节 ITC项目特色课程内容建设

课程目标决定课程结构和内容，课程内容有机地结合在一起能够实现课程目标，发展学生能力素养达成"美好教育"的最终育人目标。课程内容的组织要在一定的教育价值观指导下，将所选择的各种课程要素妥善地组织成新的课程结构，使各课程要素在动态运行的课程结构中形成合力，以有效地实现课程目标。[①]

一、ITC项目特色课程内容选择的原则

课程内容的组织不是凭空生成，而是在众多的知识中选择合适的教学内容进行组织，进而在这些内容上进行创新改编形成一个系统的课程内容。"美好课程"的项目必修课作为以学生需要为导向的课程，其基本取向为"学习者的经验"和"当代社会生活经验"的融合，具体选择原则如下：

（一）课程内容源于生活，贴近生活

大教育家杜威认为"儿童有固其于内的本能和不待外求的冲动"[②]，如果课程内容来源于生活，与学生生活紧密相连，必然会唤起学生自身的探究兴趣和主动学习的动机。除此之外，学习者创造着社会生活经验，社会生活经验中熔铸了儿童的精神与智慧。[③]学校特色课程的基本内容包含学习者的个人知识经验、学习者与同伴交往及其他社会交往中所形成的社会经验，因此，特色项目必修课程的内容选择要贴近学习者的生活，学习材料要来源于生活，可以适当增加童趣，符合学生认知能力发展水平，学习任务处于学生的最近发展区之内，并能被学习者选择和认同，最终对学习者的人格和个性发展起到促进作用。

---

① 张华：《课程与教学论》，上海教育出版社，2001年版，第230页。
② 单中惠、王凤玉：《杜威在华教育演讲》，华东师范大学出版社，2016年。
③ 张华：《课程与教学论》，上海教育出版社，2001年版，第207页。

（二）课程内容选择与设计要指向未来

特色项目必修课程的内容除了满足学生的需求以外，也应指向未来社会的适应发展。在课程论发展史上，关于学校课程与社会生活的关系的问题存在三种典型的观点，即"被动适应论""主动适应论"和"超越论"。学校是培养未来人才的基地，通过分析众多特色课程的编制过程，学校发现特色课程主动选择社会生活经验，并在实践中不断批判与超越社会生活经验，而且还不断构建新的社会生活经验，是一种立足学生实际需要、指向学生未来发展的课程，其更符合"超越论"的观点。

（三）课程内容要综合整合各种资源

"整合"（Integration）是指针对所选的各种课程要素，在尊重差异的前提下，找出彼此之间的内在联系，然后整合为一个有机的整体。[1]特色项目必修课作为学校"美好课程"体系的一部分，以"特色"为特征，按一定结构形式对学校原有的课程内容、课程资源进行整合。在结构上考虑基础课程与拓展课程的整合；在来源上，考虑学科知识与经验知识的整合；对社区已有文化资源与学校文化资源进行整合；将学校教师具有的各项特色技能与素养进行整合；对学生需要与兴趣进行整合，彰显学校办学特色。

"走进梨园"属于"阳光"课程（艺术脑）体系的项目必修课程，在进行这一课程内容的选择时，学校首先根据河南郑州豫剧特色和黄梅戏、京剧、越剧等国粹戏曲资源，借助戏曲进校园活动先对学生进行宣传调研，在了解学生需求的同时调研学校教师对戏曲的特色技能。最终，在三年级"走进梨园"项目必修课程内容的选择中确定把戏歌"说唱脸谱"作为第一模块的课程内容，整合"了解戏曲文化—认识'说唱脸谱'中的不同脸谱—设计制作并绘制脸谱—学习京剧基本动作—进行戏剧表演"等多种学习内容。由三位老师共同开设此门项目必修课，在课程实践中最终形成了良好的教学成果，学生不仅增加了有关京剧的文化知识，

---

[1] 张华：《课程与教学论》，上海教育出版社，2001年。

而且在绘制脸谱、制作表演服装的过程中提升了审美意识，在"唱、念、坐、打"中更深刻地体会了戏曲艺术带来的综合能力提升（见表3-4）。

表3-4　"走进梨园"项目必修课"多彩戏曲"模块内容示例

ITC项目特色课程	课程模块	内容资源	内容整合
"走进梨园"（艺术脑）阳光课程体系	多彩戏曲	戏曲历史上也称戏剧是包含文学、音乐、舞蹈、美术、武术、杂技以及表演艺术各种因素综合而成的一门中国汉族传统艺术	识谱听剧
			字正腔圆学戏歌
		"五大"戏曲种类：京剧、豫剧、黄梅戏、越剧、评剧	绘声绘色画脸谱
		京剧特征：集中国古典戏曲艺术大成，一是男扮女（越剧中则常见为女扮男）；二是划分生、旦、净、丑四大行当；三是净角有夸张性的化装艺术——脸谱；四是"行头"（即戏曲服装和道具）有基本固定的式样和规格；五是利用"程式"进行表演	舞刀弄棒真精彩
			我们共唱一台戏

（四）课程内容开放多样

有学者将课程内容资源分成素材性资源和条件性资源，也有学者将课程内容资源分成显性资源和隐性资源。无论如何划分，特色项目必修课程内容源于生活处处皆是，只要与特色课程内容开发和建设有关即可。作为特色项目必修课程内容的开发者，应根据"美好教育"学校特色课程定位与需求，以开放的姿态把这些资源纳入课程内容的开发之中。

"美好课程"体系中ITC项目特色课程内容的选择都具有很大的开放性，"诗情画意""戏说动画""'绘'行天下""走进梨园"和"纸艺"特色项目必修课程内容选择显示出地域资源、文化资源、人文资源的开放性。比如"（绘）行天下""睿智"课程（学术脑）体系的项目必修课，依托数学绘本资源，拓展数学阅读空间，融合空间、算术、分析、测量四大数学模块。发展学生推理分析能力、数学感知力、拓展逻辑思维。在数学绘本资源地选择中，我们开放性的选择多个国家比较成熟的绘本内容，结合我国教材和课程标准进行筛选细分，将数学绘本与不同年级数学学习内容相结合进行再组合（见表3-5）。

表3-5 二年级数学绘本资源与教材对应情况

人教版教材单元	知识点	数学绘本资源	册次
100以内的加法减法	加、减法	《小偷们的黑暗银行》	二年级上册
平行四边形的初步认识	平行四边形	《四边王子寻亲记》《谁是四边形王国的王子》	
表内乘法	乘法	《鸟儿鸟儿飞进来》《数学家阿汤的苦恼》《买卖国的乘法队长》《大家来做乘法表》《我的小九九》《幸运农夫的三个宝贝》	
表内除法	除法	《欧利和他的懒弟弟》《猜一猜，除一除》《森林历险记》	
厘米和米	长度单位	《最棒的蔬菜》《大头国王的王冠》《灰姑娘的难题》《长短、高矮和宽窄》	
观察物体	空间	《阿锤和阿蛋愉快的一天》	
补充1：混合运算	运算	《插舰岭》	
补充2：图形运动	运动	《咔嚓咔嚓，爸爸是魔法师》	
补充3：几何图形	分割	《玩具士兵与魔法块》	
有余数的除法	除法	《养猪王子求亲亲》《每人都有份！》	二年级下册
时、分、秒	时间	《我的一天》《成为好爸爸》《怪物王国的难题》《时间的故事》	
认识方向	方向	《宾果找骨头》	
认识万以内的数	位置制	《宇宙小子》《基摩的旅行》《破旧的卡车》	
分米和毫米	长度单位	《我家漂亮的尺子》《面包公主三姐妹》《小敏做新衣》	

人教版教材单元	知识点	数学绘本资源	册次
两三位数加法减法	加减法	《猜猜有几个》《大猩猩杷杷卖苹果》《笑眯眯阿姨的星星面包》	二年级下册
角的初步认识	角	《两条射线手拉手》《折纸的几何》《点和线的相遇》	
数据的收集和整理1	统计	《避开恶猫的方法》《蜘蛛和糖果店》《猜猜看》《蜡笔的颜色大比拼》《王牌汽车》	
补充1：规律	生活	《燕子，你还记得吗？》	
补充2：音乐与数学	美育	《很特别的音乐故事》	
补充3：美术与数学	美育	《美术馆里遇到的数学》	

二、ITC项目特色课程内容组织模式

在课程与教学论中存在诸多的价值取向，汝河新区小学最终从张华教授在《课程与教学论》中划分的：学科取向、学生兴趣和发展取向以及社会问题取向中确定了自己的ITC项目特色课程组织方式为主题式和项目式。即"诗情画意""戏说动画""'绘'行天下""走进梨园"和"纸艺"特色项目必修课均采取主题式和项目式学习组织方式，这就决定了这五个项目必修课程内容，要以主题模块活动设计编制课程内容。

（一）主题式学习内容——学习者为中心

根据学生的心理发展逻辑，围绕学生的兴趣和发展方向组织课程内容。这样的课程内容设计以学生的兴趣、需要为核心，主张学习者在环境的交互作用中主动地调取已有经验，主动开始新的学习。"美好课程"项目必修课程内容设计就是在收集学生需要和兴趣的基础上，编制不同学生感兴趣的主题，根据学生水平分层的特点再进行内容细分与设计。

比如"博雅"课程体系项目必修课中的"诗情画意"，在学情调查分析中发现，学生大多数喜欢唐诗、宋词等韵律性较强的诗词进行诵读，

并且发现3—4年级学生开始关注诗歌背后的知识内容。基于此，"诗情画意"课程内容在4年级内容模块以唐诗《丈人山》《春夜喜雨》等设计了符合学生实际需求的"走进成都"主题学习内容（见图3-4）。

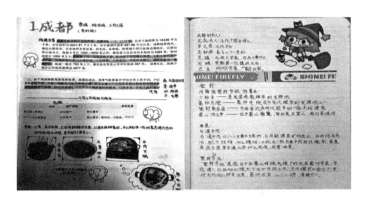

图3-4 "诗情画意"课程"走进成都"模块学习成果展示

从"两个黄鹂鸣翠柳，一行白鹭上青天""晓看红湿处，花重锦官城"等吟诵成都美景的名家名作诗歌走向成都地域文化，学生展开主题式学习，深入研究了地域名人、美食、名胜还有历史文化事件。学生们小组合作、查询筛选信息、归纳梳理、最终呈现的研究成果让老师眼前一亮。学生们在主题活动中浏览了魅力成都、攀登了群峰挺拔的嵩山、吟唱了中华经典《二十四节气歌》。通过这样的主题式课程内容设计，学生打开了自己的思路，有了更多自主学习的空间，在研讨交流中促进了学生的社会化进程，教师也欣喜于学生的学习能力与状态，并转变教学方式而收获颇丰。

（二）项目式学习内容——问题探究为中心

问题取向的课程内容设计主要以培养学生解决社会生活实际问题为目标，围绕主要的问题组织课程内容。从表面上看，今天所倡导的项目化学习与百年前类似，打通教材间的联系，强调指向生活化，尊重儿童的自主与个性。①项目化学习是"美好教育"特色项目必修课的重要学习形态，是学生综合运用国家课程、地方课程和校本课程所习得的知识技能解决实际问题的重要平台。

在"'绘'行天下""纸艺"和"走进梨园"课程内容设计时，项目式内容均占据较大比重。特别是"纸艺"课程内容的组织，每个教学模块都是在项目问题的驱动下进行设计的。

"纸艺"课程在3—4年级根据学生身心发展特点，根据A4纸、报纸、皱纹纸、卡纸等不同纸的特点组织项目化课程内容"小熊摘蜂蜜→小熊拖蜂蜜→飞翔的'小愿望'→小熊漂流记"对应"A4纸叠高→纸绳拖重→纸飞行器→纸船"等纸艺创造活动。以"小熊拖蜂蜜"项目内容为基础的"纸绳拖重"模块学习中，学生通过对报纸的剪裁、编织、扭花等实践活动，最终制作出一根能拖动40千克"蜂蜜"的纸绳，这一创新实践成果让学生对"纸"有了新的认识，在创新实践活动中，小组成员集体研讨、实践反思、改进制作，最终拿出自己小组的成果和其他小组竞赛，这个过程中学生的主体性得到了充分发挥（见表3-6）。学生在解决"如何用一张报纸拖动一罐蜂蜜？"的项目化活动问题时，提高了团队协作、动手能力，在不断试错、创造的过程中培养了坚强的意志力。汝河新区小学五个项目特色项目必修课程内容的组织以"问题探究为中心"组织项目式学习内容的优势不言而喻。

表3-6　"纸艺"课程内容部分模块示例

ITC项目特色课程	课程模块	内容主题	核心内容	模块目标
"纸艺"（创造脑）——创新课程	"纸艺"——创聪明的小熊	小熊摘蜂蜜	项目式探究问题："蜂蜜高处挂 小熊想办法"小熊在森林游玩看到了高高挂在大树上的蜂蜜，聪明的小熊想办法通过A4纸叠高成功够到了蜂蜜	1.通过趣味活动了解A4纸、报纸等类型纸如何变得更高

---

① 夏雪梅：《素养时代的项目化学习如何设计》，《江苏教育》2019年第22期。

ITC项目 特色课程	课程模块	内容 主题	核心内容	模块目标
"纸艺" （创造脑） ——创新 课程	"纸艺" ——创聪 明的小熊	小熊拖 蜂蜜	项目式探究问题："纸绳"拖蜂蜜，那么多的蜂蜜又成了难题，可是难不倒聪明的小熊，它通过用A4纸制作纸绳又一次成功把蜂蜜运回了家	2.创造强力纸绳，培养学生的动手能力及综合素养 3.通过动手制作纸飞机、纸船和纸桥等让学生在活动中形成尊重事实、依靠科学解决问题的思维方式，4.能准确表达自己的观点，提高小组合作能力与意识
		飞翔的 "小愿 望"	项目式探究问题：比一比谁飞得更远，一天小熊看到蓝天中小鸟在自由地飞翔，就此产生了飞翔的小愿望，通过叠纸飞机比一比看谁的纸飞机飞得更远	
		小熊漂 流记	项目式探究问题：小熊想要到小河对面拜访好朋友，但是怎么经过宽宽的河呢？小熊想到了造纸桥和造纸船的好办法，你能想办法帮助它成功过河吗？	

　　无论是主题式内容组织方式还是项目式组织方式，课程内容都要体现知识的逻辑顺序和学生心理顺序的统一。根据特色项目必修课程各自本身的系统和内在联系来组织课程内容，并按照学生心理发展特点对课程内容进行调整，符合由浅入深、由易到难、循序渐进、循环往复的特征。

三、ITC项目特色课程主要内容分享

　　在"美好教育"理念的统领下，ITC项目特色课程目标引领着课程内容的选择与制定，博雅、睿智、阳光、创新四大课程模块应运而生（见图3–5）。

图3-5 "ITC项目特色课程"课程内容主要模块

"博雅、睿智、阳光、创新"对应的项目特色课程也根据学生的实际需要和心理发展特点，充分选取社会科学资源进行分层、整合、规划和调整，最终形成了"美好课程"ITC项目特色课程的内容框架。

（一）"诗情画意"+"戏说动画"（抽象脑）课程内容

重视人文积淀与国际认同的"博雅"特色项目必修课旨在立足传统文化，丰富精神世界。以古诗和英文绘本为主线，以阅读与鉴赏为起点，通过表达与交流、表演与内化，为培养学识渊博，品行端正的汝河学子培根铸魂（见表3-7）。

表3-7 "诗情画意"课程和"戏说动画"课程内容编排情况

课程内容主题及适用年级	核心内容	课程主要内容与活动
经典诵读：中外童谣（1—2年级）	三字经	读：早课前读《三字经》原文 听：下午课前听《三字经》相关故事 说：讲《三字经》的故事 演：演《三字经》中的故事

课程内容主题及适用年级	核心内容	课程主要内容与活动
经典诵读：中外童谣（1—2年级）	童谣和儿歌	听：听配乐童谣和儿歌 读：读童谣儿歌 说：说童谣儿歌里的画面和朗读心情 写：创编同主题或同类型的童谣儿歌
	弟子规	读：早课前读《弟子规》原文 听：下午课前听《弟子规》相关故事 说：讲《弟子规》的故事 演：演《弟子规》中的故事，从了解到会读会背会讲《弟子规》
	英文童谣	听：听英文童谣录音，感受其韵律 读：跟录音读英文童谣，模仿录音的语音语调 说：能准确、流利地说出童谣 写：能写出童谣中的主要单词
经典诵读：唐诗和英语绘本（3—4年级）	唐诗诵读之"多彩四季"	1.诵读描写四季美景的唐诗 2.这些诗分别描写了哪个季节的景色，描写了哪些景物？ 3.哪些诗句写得很妙？谈一谈你的体会 4.朗诵描写四季美景的唐诗 5.用一段话生动描写诗中的美景
	唐诗诵读之"壮美山河"	1.诵读描写祖国山河的唐诗 2.这些诗分别描写哪里的景色，描写了哪些景物？ 3."走进唐诗中的城市"主题活动 4.朗诵描写祖国山河的唐诗 5.画一画描写诗中的山河美景
	唐诗诵读之"家国情怀"	1.诵读表达爱国情怀的唐诗 2.了解诗人的写作背景 3.诗中哪些词句写得巧妙？谈一谈你的体会 4.有感情地朗诵描写祖国山河的唐诗 5.用现有的歌曲唱一唱表达爱国情怀的唐诗

续表

课程内容主题及适用年级	核心内容	课程主要内容与活动
经典诵读：唐诗和英语绘本（3—4年级）	唐诗诵读之"深厚情谊"	1.诵读表达深厚情谊的唐诗，了解诗人的写作背景 2.诗中哪些词句写得巧妙？谈一谈你的体会 3.有感情地朗诵表达深厚情谊的唐诗 4.小组合作演一演表达深厚情谊的唐诗
	英语绘本分级阅读	听：听绘本录音，感受原汁原味的纯正英语发音 读：模仿绘本录音的发音，自信流利朗读，注意其中的语音语调、连读弱读、情绪感情 说：能够用英语复述绘本内容、表演绘本或表达自己的个人观点，并能在实际生活中灵活运用 写：能够模仿绘本，进行创作，图文并茂
经典诵读：宋词与英语表达（5—6年级）	品鉴宋词之"发展史"	1.了解宋词的由来 2.叙述宋词的创作过程。了解宋词在我国古典文学中的地位 3.谈一谈，你所找到的宋词代表人物及著作，说说你的体会 4.读一读你喜欢的宋词，将词所表达的情感写下来
	品鉴宋词之"婉约派"	1.诵读有关婉约派的词，了解写作背景 2.说说你所找到的宋词婉约派的代表作，说说你的体会 3.了解婉约派词在情感和内容上的表达风格 4.演一演：小组选取代表，通过情境表演的方式，将本组所推荐的宋词展示出来
经典诵读：宋词与英语表达（5—6年级）	品鉴宋词之"豪放派"	1.诵读豪放派宋词 2.了解对豪放派词的作者和对其作品进行赏析 3.了解对豪放派词的作者和对其作品进行赏析 4.了解豪放派词在情感和内容上的表达风格 5.豪放派词和婉约派的区别
	品鉴宋词之"唱词作"	1.观看《经典咏流传》视频，激发学生唱宋词的兴趣 2.选取一首自己喜欢的已经被编成歌曲的宋词，进行学唱 3.配乐展示

课程内容主题及适用年级	核心内容	课程主要内容与活动
经典诵读：宋词与英语表达（5—6年级）	国际公民教育：模拟联合国	听、读： 1.观看习近平总书记、外交部发言人视频 2.观看明星代表在联合国金色大厅的发言 3.观看模拟联合国少年代表的发言视频 4.谈谈观看感受：这些发言的共同特点 5.思考：怎样的措辞才符合国际场合发言，为什么？ 6.列出你发现的，国际场合正式发言的常用词汇和格式 说： 1.说一说当今国际需要讨论的热点话题 2.说一说作为一名小学生，对生活和学习有什么值得探讨的问题，特别是全国、全世界小学生的共性问题 写、展： 1.小组讨论，列出发言提纲；分享各组讨论话题；教师指导修改 2.依据所定话题，根据之前列出的发言格式，代表某个国际阵营，尝试写出你的小组发言稿，并把它在"模拟联合国国际峰会上"展示出来

（二）"绘"行天下（学术脑）课程内容

注重学生逻辑思维能力发展的"睿智"特色项目必修课"绘"行天下，聚力于研创数学绘本，展思维魅力（见表3-8）。课程内容基于数学绘本阅读，融创空间、算术、分析、测量四大数学模块。发展学生推理分析能力、数学感知力、拓展逻辑思维，培养乐学的睿智好少年。

表3-8　"绘"行天下课程内容编排情况

课程内容主题	内容及适用年级	核心内容与课程主要活动
美妙空间	空间的认识 1—2年级	课程核心内容：包含空间的初步认识，对平面立体有初步的感知；阅读—绘画—编演给学生小组合作，动手动脑，展开想象的机会；促进学生数学能力综合提升。 课程主要活动： 1.读绘本：《红背心和绿背心愉快的一天》和《消失的爸爸》 2.绘绘本：延续上面绘本故事继续创编，或创编一本绘本 3.演绘本：以舞台剧的形式编演绘本《红背心和绿背心愉快的一天》和《消失的爸爸》
	点、线、面的认识 3—4年级	课程核心内容：包含立体空间的初步感知，对平面图形有初步的感知；了解数学绘本，会阅读数学绘本，掌握数学阅读方法，培养良好的数学阅读习惯；在阅读和创编绘制的基础上以舞台剧的形式表演出来。 课程主要活动： 1.读绘本：《吃了魔法药的哈哈阿姨》和《点和线相遇》 2.绘绘本：延续上面绘本故事继续创编，或创编一本绘本 3.演绘本：以舞台剧的形式编演绘本《吃了魔法药的哈哈阿姨》或《点和线相遇》
	空间感的形成 5—6年级	课程核心内容：包含立体空间的形成，沟通方位，图形放大与缩小模型制作以及数学与生活的紧密联系；会阅读，培养良好的数学阅读习惯；能创编补充故事，展开想象大胆创作，在阅读和创编绘制的基础上以舞台剧的形式表演出来，表演过程要自己编制剧本，制作舞台道具发展多种能力。 课程主要活动： 1.读绘本：《数学与建筑》 2.绘绘本：延续上面绘本故事继续创编，或创编一本绘本 3.演绘本：以舞台剧的形式编演绘本《数学与建筑》或者在班级中选择出创编中好的绘本进行表演

续表

课程内容主题	内容及适用年级	核心内容与课程主要活动
奇妙算术	加减法的认识 1—2年级	课程核心内容：包含加减计算的初步认识，对加减法的含义有初步的感知；阅读—绘画—编演给学生小组合作，动手动脑，发展思维的机会；促进学生对算术本质理解。 课程主要活动： 1.读绘本：《都到我这里来》和《巨龙岭》 2.绘绘本：延续绘本故事继续创编，或者创编一本绘本 3.演绘本：以舞台剧的形式编演绘本
	乘法的认识 3—4年级	课程核心内容：包含加减法的进一步运用感知乘法是加法的简便运算，深刻认识乘法；了解数学绘本，会阅读数学绘本，掌握数学阅读方法，培养良好的数学阅读习惯；在阅读和创编绘制的基础上以舞台剧的形式表演出来。 课程主要活动： 1.读绘本：《汪汪的生日派对》和《鸟儿鸟儿飞进来》 2.绘绘本：延续上面绘本故事继续创编，或创编一本绘本 3.演绘本：以舞台剧的形式编演绘本《汪汪的生日派对》或《鸟儿鸟儿飞进来》
	数学与音乐 5—6年级	课程核心内容：包含数的历史与认识、分数的认识、整体与部分的关系，沟通数学与生活的紧密联系；会阅读，培养良好的数学阅读习惯；能创编补充故事，展开想象大胆创作，在阅读和创编绘制的基础上以舞台剧的形式表演出来，表演过程要自己编制剧本，制作舞台道具发展学生多种能力。 课程主要活动： 1.读绘本：《数学与音乐》 2.绘绘本：延续上面绘本故事继续创编，或创编一本绘本 3.演绘本：以舞台剧的形式编演绘本《数学与音乐》或者在班级中选择出创编中好的绘本进行表演

续表

课程内容主题	内容及适用年级	核心内容与课程主要活动
精美测量	测量与比较 1—2年级	课程核心内容：包含测量的初步认识，长短和大小的初步的感受；阅读—绘画—编演给学生小组合作，动手动脑，展开想象的机会；促进学生数学能力综合提升。 课程主要活动： 1.读绘本：《最棒的蔬菜》和《杜陵村168号》 2.绘绘本：延续上面绘本故事继续创编，或创编一本绘本 3.演绘本：以舞台剧的形式编演绘本《最棒的蔬菜》和《杜陵村168号》
	量的守恒 3—4年级	课程核心内容：包含对相等量的感知，眼睛看到的不一定准确，要准确比较就要统一测量单位，两绘本无缝衔接有益理解；了解数学绘本，会阅读数学绘本，掌握数学阅读方法，培养良好的数学阅读习惯；在阅读和创编绘制的基础上以舞台剧的形式表演出来。 课程主要活动： 1.读绘本：《双胞胎兄弟》和《我家的漂亮尺子》 2.绘绘本：延续上面绘本故事继续创编，或创编一本绘本 3.演绘本：以舞台剧的形式编演绘本《双胞胎兄弟》和《我家的漂亮尺子》
	时间的测量 5—6年级	课程核心内容：绘本阅读使孩子感受到时间也是测量的一个范畴，一年由很多天组成，天又由小时组成……秒就是最小的时间单位，拓宽孩子思维面，避免只知道测量长度与面积；会阅读，培养良好的数学阅读习惯；能创编补充故事，展开想象大胆创作，在阅读和创编绘制的基础上以舞台剧的形式表演出来，表演过程要自己编制剧本，制作舞台道具发展学生多种能力。 课程主要活动： 1.读绘本：《时间的故事》《成为好爸爸》和《我的一天》 2.绘绘本：延续上面绘本故事继续创编，或创编一本绘本 3.演绘本：以舞台剧的形式编演绘本《时间的故事》《成为好爸爸》和《我的一天》或者在班级中选择出创编中好的绘本进行表演

课程内容主题	内容及适用年级	核心内容与课程主要活动
美好分类	分类的认识 1—2年级	课程核心内容：包含分类的初步感受和复合分类的体验；阅读－绘画－编演给学生小组合作，动手动脑，展开想象的机会；促进学生数学能力综合提升。 课程主要活动： 1.读绘本：《一起一起分类病》和《小熊一家和吵吵闹闹的怪物们》 2.绘绘本：延续上面绘本故事继续创编，或创编一本绘本 3.演绘本：以舞台剧的形式编演绘本《一起一起分类病》或《小熊一家和吵吵闹闹的怪物们》
	分类和统计 3—4年级	课程核心内容：包含对数据的初步统计和分析；了解数学绘本，会阅读数学绘本，掌握数学阅读方法，培养良好的数学阅读习惯；在阅读和创编绘制的基础上以舞台剧的形式表演出来。 课程主要活动： 1.读绘本：《避开恶猫的办法》和《蜘蛛和糖果店》 2.绘绘本：延续上面绘本故事继续创编，或创编一本绘本 3.演绘本：以舞台剧的形式编演绘本《避开恶猫的办法》和《蜘蛛和糖果店》
	统计与概率 5—6年级	课程核心内容：包含高层级分类统计感受，通过比较和排序感受统计数据与实际概率之间的关系；会阅读，培养良好的数学阅读习惯；能创编补充故事，展开想象大胆创作，在阅读和创编绘制的基础上以舞台剧的形式表演出来，表演过程要自己编制剧本，制作舞台道具发展学生多种能力。 课程主要活动： 1.读绘本：《让谁先吃好呢》《猜猜看》 2.绘绘本：延续上面绘本故事继续创编，或创编一本绘本 3.演绘本：以舞台剧的形式编演绘本《让谁先吃好呢》或《猜猜看》，或者在班级中选择出创编中好的绘本进行表演

（三）"走进梨园"（艺术脑）课程内容

以创造学生展示艺术才能，传播艺术素养为目标的"阳光"项目必修课程内容主要弘扬戏曲艺术，传承中华文明（见表3-9）。以戏曲为主线，融合了音乐、美术、体育三门学科，在课程学习中培养学生健全的人格，健康的体魄，健康向上的美好品质！

表3-9 "走进梨园"课程内容编排情况

课程主题	课程内容	核心内容
"形"—— 戏曲与美术	了解中国戏曲的文化、历史、剧种和艺术特色。经典的角色有哪些？特别是京剧和豫剧	了解我国传统文化与美术的结合，热爱传统艺术。感受民间艺术的魅力
	戏曲与美术的结合从脸谱，服饰，头饰等体现，运用绘画，设计，制作，泥塑，剪纸等	
	脸谱——化妆艺术。不同色系代表不同人物性格。 1.低段学生运用彩泥平铺方式创作脸谱 2.中段学生运用绘画方式创作脸谱 3.高段学生运用无纺布方式创作脸谱	
	戏曲服饰设计体现在头饰，服饰，色彩，装饰性花纹上。 1—3段学生运用彩泥制作 4—6段学生利用身边的废旧材料对同学进行服装设计	
"韵"—— 戏曲与音乐	了解戏曲文化背景	了解京剧及豫剧的基础知识和掌握简单的戏曲表演能力，培养学生对传统戏曲艺术的热爱和自豪感，弘扬中国传统艺术
	了解戏曲的基本音乐知识，京剧主要唱腔、四大行当、四功五法、四大名旦等基础知识	
	欣赏经典戏曲，分析京剧和豫剧的戏曲特点	
	分年级欣赏并学唱唱段《刘大哥讲话理太偏》《穆桂英挂帅》《沙家浜》《白蛇传》《杨门女将》《四郎探母》等经典唱段	

课程主题	课程内容	核心内容
"体"——戏曲与武术	1—2年级：学习五步拳预备姿势、弓步冲拳、弹腿冲拳	通过对五步拳的学习可以让学生健体修心、锻炼意志、丰富课外活动
	3—4年级：马步架打、歇步盖冲拳、提膝仆步穿掌	
	5—6年级：虚步挑掌、并步抱拳	

（四）"纸艺"（创造脑）课程内容

劳动创造美好，创新改变未来。"创新"特色项目必修课"纸艺"借助"纸与指"的活动，融合科学、劳动、综合实践三门学科，围绕情感、想象、创意素养确定课程内容，旨在培养既能创造美好，又能感悟美好生活的创新学子（见表3-10）。

表3-10　"纸艺"课程内容编排情况

课程主题及适用年级	核心内容	课程内容主题与项目化活动
森林乐园（1—2年级）	通过纸的世界"森林乐园"了解我国传统造纸技艺与科学技术的关系	纸张变变变：通过"游览森林乐园"，让学生观察到不同的动植物可以由不同的纸制作而成，从而认识报纸、A4纸、皱纹纸、泡沫纸、宣纸、绵纸、瓦楞纸等不同类型的纸
		纸的"漂流"：通过"趣味漂流"让学生和小猴一起参观学习造纸术，一步步追溯纸源
		用途多多的纸：通过"动手试一试"教师通过展示不同纸张在森林乐园中的用途，让学生参与其中，从中体验纸的不同用途
		千变万化的纸：通过"比一比"让学生发现森林中有这么多种动植物，并动手试试拼出各种动植物比一比谁折得更形象

续表

课程主题及适用年级	核心内容	课程内容主题与项目化活动
聪明的小熊 （3—4年级）	通过A4纸叠高、纸绳托重、制作纸飞机、纸桥、纸船等了解纸的其他用途，体验创造的快乐，感受纸趣魅力	小熊摘蜂蜜：通过"蜂蜜高处挂 小熊想办法"，让学生模仿小熊在森林游玩看到了高高挂在大树上的蜂蜜，聪明的小熊想办法通过A4纸叠高成功拿到了蜂蜜
		小熊拖蜂蜜："纸绳"拖蜂蜜，那么多的蜂蜜又成了难题，可是难不倒聪明的小熊，它通过用A4纸制作纸绳又一次成功把蜂蜜运回了家
		飞翔的"小愿望"：小熊想要给小河对面好朋友传达信件，但是怎么让书信飞过宽宽的河呢？小熊想到了制作"纸"飞行器的好办法，你能想办法帮助它吗？
		小熊漂流记：小熊想要到小河对面拜访好朋友，但是怎么经过宽宽的河呢？小熊想到了造纸桥和造纸船的好办法，你能想办法帮助它成功过河吗？
"纸"装秀 （5—6年级）	通过对纸的创造性设计，体验动手创新的乐趣，感受劳动之美	百变纸帽："谁的纸帽最漂亮" 森林里要举办每年一届的时装秀了，首先需要大量的帽子，小动物们用不同类型的纸尝试制作各种纸帽，你也来动手试一试吧
		"奇装异服"："服饰大比拼" 接下来就是各种各样精美绝伦的"奇装异服"大家一个个的都开始绞尽脑汁，大展神功制作各种精美的服装
		精巧配饰："画龙点睛 巧装饰" 精美的服装制作出来了，美中不足的是缺少精巧的配饰，为了让时装秀更完美，请动手试一试，尝试制作出精巧的配饰吧
		"美好时装秀"："小小纸张 美妙时装" 经过大家的齐心努力，"小小纸张 美妙时装"时装秀开始了，大家依次出场展示自己的服饰并讲解制作方法

第四节 ITC项目特色课程实施

ITC项目特色课程的实施是指教师把特色项目必修课程计划通过一系列方式落实到具体的教育教学活动中的过程。新课改以来，教学倡导以学生为主体，教师在教学互动中发挥主导作用。ITC项目特色课程实施的最终目的是立足"美好教育"学校特色，拓宽学生视野，促进学生个性张扬与兴趣发展。

一、ITC项目特色课程的实施取向

课程实施过程中有三大取向："忠实取向、相互调试取向和课程创生取向。"[1]课程的实施取向体现教育观，影响教师在实施特色项目必修课过程中秉持的教育理念和教育方法，并最终影响教育目标的达成。教师和学生作为特色项目必修课的两大主体，两者的相互促进与配合促进着特色课程的实施。

"美好教育"课程实施中要求教师有明确的价值取向，ITC项目特色课程的实施过程中教师要落实以下课程实施价值取向，并以此彰显ITC项目特色课程的实践价值：

（一）课程实施的"能力拓展"取向

ITC项目特色课程的开发目的是拓展学生能力，满足学生的个性化需求，拓展在国家课程、地方课程和校本课程中习得的基本知识与技能，通过合作化学习综合拓展各项能力的课程。

在"睿智"课程项目特色课"'绘'行天下"中，主要目的是拓展学生思维能力，加深学生对基本概念和数学思想方法的本质理解。比如：学生在三年级国家课程中初步认识了面积单位，学会了长方形和正方形面积的计算方法，在"'绘'行天下"课程中，拓展学习《宽宽窄窄量量

---

[1] 张华：《论课程实施的涵义与基本取向》，《外国教育资料》1999年第2期。

看》绘本，通过"读—绘—演"学生加深了对面积的理解，更好地区分了"面积"与"周长"的概念，明白通过测量边长可以计算出面积的大小，也明白面积的大小是由所占面积单位的多少决定的，突破了"密铺"部分的教学难点。在编演这一绘本的过程中学生动手操作的机会增多，更好地积累了操作经验，对"面积"这一抽象概念理解更加深刻。

（二）课程实施的"兴趣激发"取向

兴趣是积极探索某种事物和爱好某种活动的心理倾向，学生一旦对某一事物产生兴趣，就会有认识事物和探索事物的内部动机。ITC项目特色课程除了通过教师的主导推进学生能力拓展，更重要的是在实施过程中激发学生的"兴趣"，此处的"兴趣"包含两个方面：一是学生学习特色项目必修课的兴趣，二是学生在学习特色课程的过程中融入自己已有的生活兴趣以及形成新的兴趣。

兴趣是最好的老师，"走进梨园""阳光"课程项目必修课就展示出了独特的魅力，课程综合戏曲、绘画、武术的多方面知识培养了学生新的兴趣。有的学生在学习之初只是对绘画脸谱有浓厚的兴趣，随着课程的深入开展，佩戴自己绘制的脸谱，学习戏曲武术动作、练习唱词、登台表演一系列课程活动为学生打开了更多的兴趣之窗。有学生说，自己通过"走进梨园"喜欢上了武术，在舞台上带着自己制作的脸谱表演特别有成就感，下个学期要更加认真地参与"走进梨园"课程。课程实施的"兴趣取向"也离不开教师教学过程中对学生的不断鼓励与支持，不断为学生打开新奇世界的窗户，才能帮助他们看到更多有趣的世界。

（三）课程实施的"超越创生"取向

ITC项目特色课程注重学生的需求和个性化发展，因此，更加注重课程实施过程中的"创生"，即教师和学生在合作与交流中创造个人经验的过程。正如美国教育哲学家菲尼克斯所说，创造性的生活会联系过去与现在，产生连续性的有区别的新生，这种新生会促进创新性的实现。

在"创新"课程模块的项目特色必修课程"纸艺"的实施过程中课程的"超越创生"效果尤为明显，其中"小熊运蜂蜜——纸绳拖重"一课的教学实施过程中，学生的发现与尝试就更新了教师对"纸绳"的认识。起初备课阶段，集全校教师智慧用一张报纸"编制"的纸绳采用的是"麻花辫"的编制方法：先把报纸分成三个纸条，充分折叠紧实，然后2—3人合作编成一条"麻花纸绳"，拖重物效果很好，可以拖动50—60千克的重量，但是编好一根纸绳大约需要40分钟的时间。在课堂上通过同学们的研讨尝试，出现了"扭绳法""折叠法""搓揉法"，其中，"扭绳法"让在场老师大吃一惊，学生们先把报纸平均分成3或4份，两人一组均匀扭绳，再把细绳全部扭在一起，用时不到20分钟，而且课堂上就拖动了60千克的重量，这个实践小组获得了全体同学和老师热烈的掌声。在介绍想法经验时，学生说曾经听过一个有关筷子的故事，一根筷子很容易折断，很多根筷子放在一起就不容易折断，他们就想根据这个原理试一试，结果就成功了。学生把曾经生活中的小片段加以思考，用来尝试解决新的问题，就是教师无比希望的课堂状态，这种师生的互动、生生的交互、灵感的迸发正是ITC项目特色课程"超越创生"的表达。

二、ITC项目特色课程的实施路径

通过构建情境、交互、体验、反思为一体的深度学习场域，促进学生学习方式的转变，改变学生学习策略，培养学生高阶思维，实现学科育人宗旨。"美好教育"旨在让学生与美同行，向好而生。在实践中我们形成了"聚力课—优化社团—创新活动"三位一体的项目特色必修课程实施路径。

（一）聚力课堂，提升ITC项目特色课程实施品质

课堂实施是课程实施的主要阵地，教师的课堂组织是动态的，要根据不同的需要和不同的情况，用有吸引力的语言，去引导学生的身心，打造"美好课堂"，需要教师给予学生足够的时间和空间，让学生真正成

为学习的参与者，在探索中享受成功的喜悦。教师聚力于课堂实施，才能有效提升ITC项目特色课程的实施品质。

1.秉承"美好课堂"教学形态

ITC项目特色课程隶属于"美好课程"体系，在"美好课程"构建过程中我校已经形成了具有良好教学效果的"美好课堂"教学形态。

"美好课堂"教学形态是一个循环往复的过程，课堂实施建立在"生活情境"中，通过创设实际生活情境，激发学生学习兴趣或者引导学生将所学应用在生活之中。

在课堂教学过程中采用"多路刺激"策略，运用多感官刺激（手、眼、口鼻、并用）；调动多种思维方式（知识迁移、一题多解）；设计教学环节注重多次重复刺激，增加知识使用频率；设计精确练习促进深度学习发生；巩固知识可采取设计与教学相关的实际任务，左右脑协作配合，完成任务，促进全脑发展。

2.优化教师配备策略

针对"博雅、睿智、阳光、创新"课程体系的特点，结合学校教师自身特长和意愿通过自主申报、择优推选"美好课程"ITC项目特色课程的任教老师。老师的情感态度直接影响着课堂教学实施效果，学校层面充分考虑老师实际需要，提供最大力量的教学支持，尽力提供所需的教学硬件和资源，为教师提供广大的发展平台，保证特色项目必修课程实施达到应有的效果。

3.采用促进学生全面发展的课堂组织形式

在特色项目必修课程实施过程中，注重强化直接经验，凸显"做中学"，采用合作化学习、探究性学习、项目化学习等课堂组织形式促进学生能力发展。合作学习以现代社会心理学、教育社会学、认知心理学、现代教育技术等理论为基础，以研究与利用课堂教学中的人际关系为基点，以改善班级内的社会心理气氛、形成学生良好心理品质和社会技能为根本目标，是一种极富创意与实效的教学理论与策略。[①]在"美好课程"ITC项目特色课程中都进行了合作学习的任务设计，尊重学生需求，营造合作共赢的良好学习氛围。

探究性学习策略是指在ITC项目特色课程实施过程中师生进行探究性学习和探究式教学，教师遵循以学生为主体的原则，引导学生自主、合作、探究，充分发挥学生实践探索的积极性和创造性。在"'绘'行天下"课程实施过程中探究性学习尤为突出。一年级《忙碌的星星工厂》绘本课堂教学过程中，依据绘本内容，教师设计探究性问题串："云朵妹妹遇到的麻烦是什么？→他们是怎么处理这个麻烦的？→你能找到星星工厂的订单吗？→236是什么意思？→为什么会发错货呢？"学生依据探究性问题自主阅读绘本，查找答案小组合作进行解答，最后设计新的订单。在这个学习过程中，学生对十进制数位有了更深刻地理解与认识。

4.细化课堂评价标准，增进学习效果

学生在课堂收获良好的体验，需要老师充分关注、善于鼓励与表扬，通过多样化的评价、恰当地呈现并合理利用评价结果，保护学生的自尊心和自信心，积极的评价能够引导学生正确面对挫折，健康成长。在ITC项目特色课程中教师和学生都有一份课堂评价标准，老师可以用标准规范自己的教学实施，学生可以依据标准每月对自己的任教老师做出评价，学校会根据学生的反馈情况及时与任教教师沟通联系，提供最大的帮助协助教师创建"美好课堂"（见表3–11）。

表3–11 "美好课程"ITC项目特色课程课堂评价标准

评价维度	评价标准	评价等级（√）				
		很好 A=10	好 B=8	一般 C=5	较差 D=3	差 E=1
师生关系	1.民主、平等、互爱、促学的师生关系					

① 王坦：《合作学习的基本理念》，《教育研究》2012年第2期。

评价维度	评价标准	评价等级（√）				
		很好 A=10	好 B=8	一般 C=5	较差 D=3	差 E=1
师生关系	2.教师关爱每一位学生，关注学生课堂表现					
	3.学生在课堂学习中获得安全感、期待感、参与感、体验感和成就感					
教学实施	1.教学目标明确具体，可检测、可评价，教学流程清晰，探究过程有序，问题反馈及时，体现学法指导					
	2.学生学习积极性高，课堂参与面广，思维引导精巧，生成过程自然，师生互动平等融洽					
教学效果	1.合作探究有序，学生参与度高，关注个体差异，互动氛围浓厚，学生主体性强					
	2.知识重点理解透彻，难点有效突破，思维拓展到位，技能训练精当，达成学科素养目标					
总分						
质性评价	优点与特色					
	问题与不足					

5.课程活动手册编制助力课堂实施

在实施推进"美好课程"ITC项目特色课程的进程中，教师们逐渐发现仅仅依靠前期制定选择的课程内容进行教学活动，很难达到主题式探究学习和项目式学习想要的效果，便开始思索依据课程内容开发具有"美好教育"特色的课程活动手册。

项目特色必修课程的课堂实践方式多采用小组合作学习、项目化研究学习和主题探究学习，原有的课程内容就像一座有形的美好建筑，学生还需要搭建起一层层楼梯才能走上楼宇一览周围美好的风景。这一层层楼梯就恰恰是教师们想到的课程活动手册。

经过多次的尝试与实践，教师总结出了一套比较完备的编制课程活动手册的方法与途径。首先，紧扣课程目标厘清教学内容；其次，明确教学环节，设计探究问题；最后，加入儿童元素，鲜活或手册。与课堂教学相匹配的课堂手册不仅包含问题情境，还包括一套学生学习的评价标准，学生可以根据评价标准找到自主学习的方向，更好地开展合作探究。

在"读、绘、演、创"一系列学习活动中，学生不仅加深了对数学概念的理解，还能结合实际加以运用，创编出许多优秀作品（见图3-6）。

图3-6　五（4）班刘若涵原创绘本《露比家来客人了》节选

教学过程中学校教师编制的活动手册，对学生的自主学习起到了重要的辅助作用，下面呈现"绘"行天下之《吃了魔法药的哈哈阿姨》课堂活动手册，为广大课程开发者提供参考，这一课程属于"睿智"课程体系（学术脑）ITC项目特色课程，主要以数学绘本的"读—绘—演"为教学活动，老师们为了充分提供学生自主学习的空间，先行研究绘本，设计"大"问题引导学生自主阅读、思考，提高了课堂效率，取得了较好的课堂教学效果（见图3-7）。

图3-7 《吃了魔法药的哈哈阿姨》课堂活动手册部分

（二）组建社团，促进ITC项目特色课程深度实施

围绕"博雅、睿智、阳光、创新"特色项目必修课程的实施，为了给学生充分发展的平台，教师集体研讨建立特色课程社团的方案，为学生的课堂学习搭建更广阔的平台。

在特色课程社团的建设中社团活动的优势愈加明显，更好地激发了学生的学习兴趣；培养了学生良好的学习习惯；学生学习活动更加丰富。比如"走进梨园"项目必修课特色社团的组建，让学生对"戏曲"的文化内涵产生了浓厚的兴趣，社团小组在课堂学习的基础上自发从"戏曲文化、戏曲唱法、戏曲装扮"等方面去研究豫剧。学生在绘制脸谱、制作戏服的过程中综合发展了审美情趣、动手能力和团队合作能力。每次社团活动时间是放在学校"课后延时服务"时段，社团的学生每次都能按时参与活动，自发选举社团代表，签到打卡，高效地进行任务实践，准时守纪的学习习惯愈来愈好。

（三）创新活动，搭建ITC项目特色课程展示平台

人的全面发展包括人的才能、志趣和道德品质的多方面发展。科学素质是人的全面发展的内在要求，生产劳动同智育和体育相结合，不仅是提高社会生产的一种方法，而且也是造就全面发展的人的唯一方法。在"美好教育"ITC项目特色课程实施过程中，学生在课堂活动课社团学习中充分学习了有关的知识与技能，有了展示自己的平台。为了让学生更好地全面发展，学校经充分研讨，决定创新组织学校活动，给学生提供更大的展现自己的平台。

学校从育人目标出发根据国家节日、少先队活动、社区活动、学科性质等综合因素创新学校活动，找到了促进学生综合素质发展，可以展示自己特色才华的一套校园活动体系（见图3-8）。

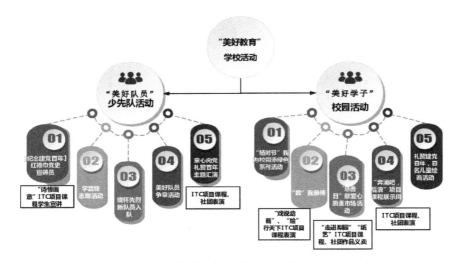

图3-8　2021学年（上期）"美好教育"校园活动体系

第四章　构建美好课堂形态

第一节　"美好课堂"形态模型

一、"美好课堂"的教育理念

落实学生核心素养是深化课堂改革、落实关注学生全面发展的基础。教育的根本目的是提高学生素养，提高学生素养的前提是开发其全脑功能，尤其是右脑功能，使左右半脑协调发展。即在提高儿童智商的同时，注重提高学生的情商和"道德商"让学生全面均衡地发展。[①] "美好课堂"教学就是汝河新区小学依据脑科学原理，在核心素养的指引下，结合自身"与美同行，向好而生"的办学理念，以培养"睿智、博雅、创新、阳光'四优'美好学子"为育人目标，围绕"科学用脑　成就美好"的课程理念，从开发全脑功能角度运用的教学策略。

"抽象脑"与"学术脑"代表了"理性的左脑"，即学生的智慧与才能，"艺术脑"与"创造脑"则代表了"感性的右脑"，即学生的品德与审美。四大核心素养互为机制，互为促进，既是学生应该达成的发展目标，同时又是学生学习发展的路径与策略。在核心素养的指引下，汝河学子应该具有"理性的左脑、感性的右脑"，即智慧与品德的统一。

---

① 王红梅:《基于全脑理念的语文课堂教学模式探究全国优秀作文选》,《写作与阅读教学研究》2015年第6期。

二、"美好课堂"理论支撑

"美好课堂"是以马克思关于人的全面发展学说为基础，结合"脑科学"理论构建起的课堂模式。学生的全面发展不仅体现在体力和智力获得充分的发展，还要在课堂上给予学生多种感官刺激，开展脑力与体力相结合的课堂活动，提供自由运用和全面发展能力的平台。

"脑科学"从科学的视角阐述了人在不同发展阶段大脑不同区域的发展与变化，从脑细胞、神经元、脑的结构和意识等脑功能层面详细论证了神经系统的发育和思维的发展。大脑的均衡与全面发展规律能够给教育教学工作带来科学的指导，学校教育是"大脑的变革者"，"学习"统领着人脑发展的全过程，对大脑的"学习规律"掌握得越清晰，就越容易让教育教学对学生的成长起到促进作用。

（一）课程标准

语文课程标准：语文课程是一门学习国家通用语言文字运用的综合性、实践性课程。语文课程应引导学生热爱国家通用语言文字，在真实的语言运用情境中，通过积极的语言实践，积累语言经验，体会语言文字的特点和运用规律。同时，发展思维能力，提升思维品质，形成自觉的审美意识，培养高雅的审美情趣，积淀丰厚的文化底蕴，继承和弘扬中华优秀传统文化、革命文化、社会主义先进文化。语文课程以生活为基础，以语文实践活动为主线，以学习任务为载体，整合学习内容、情境、方法和资源等要素，设计语文学习任务群。语文课程的实施从学生语文生活实际出发，创设丰富多样的学习情境，设计富有挑战性的学习任务，激发学生的好奇心、想象力、求知欲，促进学生自主、合作、探究学习。[①]

英语课程标准：义务教育阶段的英语课程承担着培养学生基本英语素养和发展学生思维能力的任务，承担着提升学生综合人文素养的任务。强调学习过程，重视语言学习的实践性和应用性，让学生学会客观、理

[①]《义务教育语文课程标准（2022年版）》，北京师范大学出版社，2022年。

性看待世界，树立国际视野，涵养家国情怀，坚定文化自信，形成正确的世界观、人生观和价值观。[1]

数学课程标准：数学课程教学活动应重视启发式、激发学生学习兴趣，引发学生积极思考，鼓励学生质疑问难，引导学生在真实情境中发现问题和提出问题，利用观察、猜测、实验、计算、推理、验证、数据分析、直观想象等方法分析问题和解决问题。注重发展学生的抽象思维、推理能力、创新意识和实践能力。教学活动是师生积极参与、交往互动、共同发展的过程。数学教学活动，特别是课堂教学应激发学生兴趣，调动学生积极性，引发学生会用数学的眼光观察现实世界，会用数学的思维思考现实世界，会用数学的语言表达现实世界，形成跨学科的应用意识和实践能力。[2]

科学课程标准：科学课程是实践性、综合性课程，倡导探究式学习，保护学生的好奇心和求知欲，激发学生学习科学的兴趣，发展科学探究能力，发展学习能力、思维能力、实践能力和创新能力。[3]

艺术课程标准：义务教育艺术课程以立德树人为根本任务，坚持以美育人、以美化人、以美润心、以美培元，引领学生在健康向上的审美实践中感知、体验与理解艺术，逐步提高感受美、欣赏美、表现美、创造美的能力，引导学生树立正确的历史观、民族观、国家观、文化观，增强爱党、爱国、爱社会主义的情感，坚定文化自信，提升人文素养。[4]

（二）脑科学相关理论

1. 全脑教育理论

人类对于大脑功能的认识从历史角度来说非常的短暂，首次对脑功能进行划分的是美国著名科学家罗杰·斯佩里，他提出了著名的"左右脑分工理论"，首次对人脑左右半球功能进行了准确定义。 左脑负责：

---

[1]《义务教育英语课程标准（2022年版）》，北京师范大学出版社，2022年。
[2]《义务教育数学课程标准（2022年版）》，北京师范大学出版社，2022年。
[3]《义务教育科学课程标准（2022年版）》，北京师范大学出版社，2022年。
[4]《义务教育艺术课程标准（2022年版）》，北京师范大学出版社，2022年。

分析，逻辑，语言，计划，数学，推理；右脑负责：想象，创意，音乐，情感，图画，运动；左脑理性；右脑感性（见图4-1）。

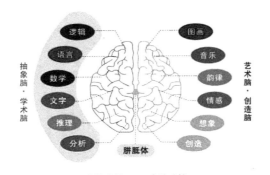

图4-1　左右脑功能图

全脑教育，是指教育者利用左脑式教育和右脑式教育相结合的方式，使学习者在学习过程中，能较好实现左、右脑相互贯通、思维密切配合，共同参与感知、分析、思考、判断、计算、记忆知识或外界事物的教育方法。全脑教育的核心，是实现学习者左右脑思维充分结合来进行学习。[1]

结合全脑教育理论，"美好课堂"教学应将全面发展统一在教育活动之中，遵循统一律、适应律、适度律的科学学习规律，培养睿智、博雅、阳光、创新，四"优"美好学子。

2.突触连接理论

突触是神经元之间在功能上发生联系的部位，也是信息传递的关键部位。[2]我们学过生物都知道信息是通过突触从一个神经元传递给另一个神经元，信息传递越频繁，突触连接的数量越多，人脑的运算速度就越快，反应越灵敏，人就越聪明（见图4-2）。

① https://www.sohu.com/a/339465687_457080

② 岑芳:《新课程高中教师手册 生物》，南京大学出版社，2012年，第85页。

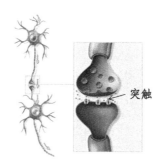

图4-2　叙述性记忆

学习新事物就意味着在大脑中创造新的或更牢固的连接：一组新的大脑连接！当你第一次学习某个新事物时，大脑连接很薄弱，可能只有几个神经元被连接在一起。随着你去实践一个新知，更多的神经元参与其中，神经元之间的突触连接也会变得越来越强大。更多的神经元，更强大的突触——于是大脑连接也会变得更强大！更长的大脑连接可以储存更复杂的思想。[①]

那么，如何让突触连接更多更快呢！

突触作为神经元之间或神经元与效应器细胞之间的连接处，可运用多路刺激：多视角输入、多感官刺激、多种思维方式刺激、短期重复刺激、长期反复刺激、长期不间断地持续刺激、建立知识结构等，增强突触连接强度。同时需要专注、激情和信心，来加速突触的连接。有些人尽管花了许多时间练习，由于不够专注，没有激情，没有信心，仍不会明显进步。所以在"美好课堂"教学中汝河新区小学运用情境激发学生兴趣，提升专注力，多路刺激增强突触连接。

3.髓鞘质记忆理论

髓鞘质是记忆动作的组织，可控制传输速度，使动脑快，动手快，动口快。科学发现，人脑中的髓鞘质有"多"和"厚"两种形态。用来

---

① （美）芭芭拉·奥克利、（美）特伦斯·谢诺夫斯基、（英）阿利斯泰尔·麦康维尔：《学会如何学习》，汪幼枫译，机械工业出版社，2021年。

记忆动作技能所用的髓鞘质的数量越多，记忆越精确。就像照相一样，像素越多，照片越清晰（见图4-3）。如记忆发音的髓鞘质越多，发音越逼真。髓鞘质越厚，人对技能的掌握越熟练，即人的反应动作越快，人对速度的控制越敏捷。学习知识时精确练习，能使髓鞘质增多，学习技能时深入练习，能使髓鞘质增厚，那若使髓鞘质增多、增厚就需要精准练习＋深入练习，也就是精深练习。[①]

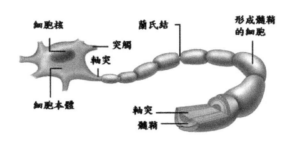

图4-3　感官性记忆

三、师生对"美好"生活的追求

21世纪，教育决定国家的经济、文化实力，国际教育界掀起研究"核心素养"的教育思潮。2019年，根据郑州市"美好教育"教学改革总纲领，学校细致梳理自身发展历史、原始课程、师资情况等，确立了"与美同行，向好而生"的教育理念，旨在让校园成就孩子的美好未来，在课堂建设中满足教师的情怀和追求。

2021年7月24日，中共中央办公厅、国务院办公厅发布《关于进一步减轻义务教育阶段学生作业负担和校外培训负担的意见》，课堂再次成为教育教学改革的热点阵地。

2022年4月，教育部颁布了义务教育课程方案和课程标准（2022版），明确提出，坚持素养导向，强化课程育人，这是课程教学改革最鲜

---

① 王耀昶：《最新脑科学在教学中的应用》，简书，https://www.jianshu.com/p/f289a17cf1d1 。

明、最核心的方向标，充分体现了党和国家对新时代教育的新论述和新要求。新时代的师生渴望全面发展的平台，课堂是师生学习成长、展示自我的主要阵地。为了更好地了解师生发展需求，我们对全校学生学习状态和教师课程实施能力展开调研，反映出以下问题。

（一）学生核心素养发展空间较大

如表4-1所示，调查结果显示学生的主动学习意识还可以提升，创新素养提升空间较大，学生的审美能力有待提升。在课堂教学感受调查中显示，学校应提高课堂中学生的主体性，多给学生展示自我的机会。

表4-1　学生核心素养调查数据

1.思维习惯

题目	N	最大值	最小值	平均值	标准差
我不喜欢自己花时间去钻研新学的知识，更喜欢老师直接讲解知识点。	860	1	5	3.56	1.272
有效的N（列表状态）	860				

2.创新性

题目	N	最大值	最小值	平均值	标准差
我经常觉得自己是个小小创发明家，能在老师的帮助下想出很精彩的新点子。	860	1	5	4.18	0.953
面对新学的知识，我会主动探究，寻求答案。	860	1	5	4.33	0.832
尝试新的游戏和活动，是一件有趣的事。	860	1	5	4.68	0.643
有效的N（列表状态）	860				

3.审美能力

题目	N	最大值	最小值	平均值	标准差
我知道如何欣赏一件美术作品。	860	1	5	4.22	0.88
有效的N（列表状态）	860				

（二）学生课堂学习效果有提升空间

如表4-2所示，"学生在学校获得成功的体验"调查中，数据平均值为4.43，反映出课堂教学中学生成就感偏低，课堂学习中应多给予学生展示的机会，使之获得成就感，从而增强其自信。

表4-2　学生课堂学习效果调查数据

题目	N	最大值	最小值	平均值	标准差
学校帮助我发现自己的优点和长处。	860	1	5	4.48	0.778
我在学校里经常有获得成功的感觉。	860	1	5	4.43	0.818
我觉得我们上课很有效，能解决我在学习上的疑问。	860	1	5	4.65	0.62
有效的N（列表状态）	860				

（三）教师课堂实施水平有较大提升空间

如表4-3所示，学校对教师课堂教学实施情况调查中显示，教师群体提高课堂教学效率意愿强烈，但存在教育教学方法单一、合作学习组织缺乏指导、课堂教学评价缺失、课堂生成意识有待提高等问题。

表4-3　教师课堂实施情况调查数据

题目	N	最大值	最小值	平均值	标准差
教师可以对课程内容进行创造性处理（例如：选择、拓展、补充、增删）	66	1	5	4.364	0.922
我能根据学生学习成果与预期成果之间的差异调整教学。	66	1	5	4.348	0.903
有效的N（列表状态）	860				

综上所述，在"双新""双减"政策的指导下，教师对课堂实施有新的愿景，但缺乏科学的课堂形态指导。学生核心素养培养有更高的要求，师生都需要一个既有科学依据，又切实可行的课堂形态来指导课堂生活。以"脑科学"为理论指导的"美好课堂"建设起到了破局更新的作用，

为"美好课堂"改革的落地实施注入了新时代的能量。

四、"美好课堂"形态基本流程及实施建议

"美好课堂"教学形态主要包含四大环节：生活情境、多路刺激、精深练习、任务实践（见图4-4）。这四个环节为教师提供了科学可参考的"美好课堂"实施的要点及流程，同时，"美好课堂"还给学校不同学科、不同课型的课堂保留了足够的空间，不固化课堂教学实施环节，教师可以根据教学内容和学生需要调整教学流程。

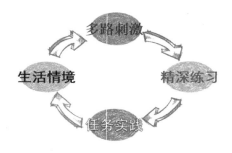

图4-4 "美好课堂"教学形态图

比如，新授课，教师可以以生活情景导入，在后续的教学活动中采取多路刺激、精深练习继而进行任务实践；练习课，教师可以从精深练习入手；音乐、美术、综合实践等课程，可以从多路刺激感知开始；数学课可以以任务实践探索为开端……

（一）生活情境——课堂学习活动的基本前提

生活真实情境是课堂学习活动的主要背景，通过创设实际生活情境、大情境，激发学生学习兴趣。从真实地生活情境中提炼出学科问题，结合学生生活和已有知识经验去解决实际问题，并获得新知。

例如，在美化校园环境建设中富含多种学科学习的真实情境，图形的认识、面积的测量、地面改造、操场规划、意愿调查、植物花圃种植等等，在课堂教学中就以自己的学校、教室为真实情境，在真情境、真

问题、真探究中落实空间观念、应用意识、审美意识、劳动意识、合作意识等学生发展核心素养。

【案例4-1】"长方形和正方形"教学片段

春天到了，学校为进一步美化校园环境，准备在功能楼旁的空地上新建一个长方形的花圃，需要你在这块空地上设计一个长方形花圃，使它的面积最大，并在四周围上篱笆，请结合实地测量和价格预算给出你认为合适的设计方案，并向学校推介你的方案。

（二）多路刺激——课堂学习活动的基本要求

课堂学习中的多路刺激包含多视角输入、多感官刺激、多思维方式和多重复刺激等四个方面，多路刺激贯穿课堂活动的始终，不断激发学生学习热情，通过不同路径给学生提供完整的学习体验。

第一，多视角输入。相关联信息同时输入，依据脑科学突触连接理论当我们第一次尝试解决问题时，我们的工作记忆会很忙，它正在努力创造一组新的大脑连接，当我们解决多个问题时就会创作多个新的大脑连接，在解决一个重要问题时我们要学会把这些连接组成一个大脑连接组，也就是迅速将大量相关联的信息进行整合运用，构建知识网络，才更便于记忆。

第二，多感官刺激。手眼口鼻耳并用，在我们学习和记忆的过程中，如果能调动身体的触觉、视觉，听觉、味觉、嗅觉等器官的感觉，通过眼睛看、耳朵听、用手写，用脑想等多个渠道同步进行学习，就有助于多个感官的吸收，增强学习和记忆的效果。

脑科学研究也表明，大脑并不是将所有感官输入的刺激，放在一起进行记忆，而是通过视觉，听觉，运动等多个通道并行。所以，多个通道的记忆效果，要高于单个通道，调动多种感官，大脑记忆的效果是最好的。

同时，不同的人对不同的知识载体的敏感度不同，有些人是视觉型的，喜欢看图片；有些人是听觉型的，喜欢听讲座；有些人是触觉型的，喜欢触摸，尝试。有些时候，还需要调动我们的想象力，让身体的各个器官同时产生感觉，这样才能达到更好的记忆。[①]

第三，多思维方式。知识迁移、一题多解。练习和运用是建立起固定的大脑连接组的重要方式，使用可以反复唤起已有知识的记忆，在双减形势下，作业减少了，我们在设计课堂教学时要关注知识的链接，定期在新知中融入旧知，关联旧知，在日常课堂教学中激发学生自主联系知识的意识。

第四，多重复刺激。增加使用频率，重复刺激，反复刺激，不间断地持续刺激。"重复"是指小循环记忆，重复的周期以秒和分钟为单位。"反复"的周期是小时或天。"持续"的周期是周或月。这三种重复刺激缺一不可。其实也就是下一段要说的练习，练习和灵活运用是建立大脑连接组的关键理念。

例如在一年级语文上册《端午粽》教学时，为让学生能在了解粽子颜色、香味、味道的基础上有感情地朗读句子，达到更好的朗读效果，教师先让学生看一看、摸一摸，明确粽子的外形特点；然后通过闻一闻热粽子，感受它的香味；最后尝一尝粽子，真切地感受粽子又黏又甜的特点。学生通过多感官的体验和感受，对粽子的特点了解得非常清楚，很好落实了有感情朗读句子的目标。

【案例4-2】《端午粽》教学片段

环节三：再读课文，品味语言

活动一：引读第一自然段

有一个小朋友呀，他特别喜欢吃粽子，每到端午节他总会吃到外婆亲手包的粽子，跟学习伙伴一起读读第一自然段吧。

活动二：品读第二自然段

1.外婆包粽子都用到了哪些材料呢？教师范读。

2.交流用到的材料。

（1）有青青的箬竹叶，箬竹叶这个词不太好读。箬，翘舌音要读准。

---

① 高效学习－多感官刺激－沉浸式学习法（baidu.com）

一起告诉老师什么叶?

出示箬竹叶的图片:孩子们看,这就是箬竹叶,什么颜色?绿色,新鲜的箬竹叶颜色嫩嫩的、绿绿的,文中连用了两个青字呢,跟老师一起读,青青的箬竹叶,这箬竹叶呀碧绿碧绿的,我们一起读,青青的箬竹叶。

(2)除了箬竹叶,还有其他的材料吗?听听小伙伴的回答吧。

出示图片:还有糯米呢,被水泡过的糯米呀,白白的、亮亮的。跟老师一起读:白白的糯米。

(3)还有其他材料吗?你一定也找到了,还有红红的枣呢,这颗枣呀就藏在最中间呢,间这个字门字里面是日字,打开房门日光就可以照进来,所以间有中间、里面的意思。

出示图片:来看一看,这颗藏在中间的枣呀,颜色红得发亮呢,我们一起读:红红的枣。

指导学生读好"青青的箬竹叶、白白的糯米、红红的枣"这几个词语,进而读好第一句话。

(4)随文认识"间"。

3.粽子的颜色这么好看,闻起来怎么样呢?

拿出事先准备好的热粽子,让学生们闻一闻,说一说感受。

指名交流,相机指导朗读。

4.外婆包的粽子味道怎么样呢?

打开粽子,指名尝一尝,说说味道。

指名交流,指导朗读。

(三)精深练习——课堂学习活动的基本条件

"美好课堂"倡导精深练习,精深练习=精确练习+深度学习。精确练习是指精确、精准、精致的练习,例如战士打固定靶的练习,这是基础练习。但当我们为某个基础知识建立起很好的连接后,练习会变得很容易,感觉会变得很好,这可能会转变成"惰性学习",我们要避免惰性学习，也就是已经熟知的内容不必进行反复的无效练习。我们要把注意力放在更有挑战的知识上，这叫深度学习。

比如说要培养一名出色的狙击手，只有精确练习是远远不够的，应该在精确练习达标后进行深入练习。深入练习是指反应速度练习，比如战士打固定靶的精确练习如果已经能够达到百发百中，在此基础上进行打飞碟练习就是深入练习。

例如，在课堂实践人教版五年级数学上册"多边形的面积"单元教学时，为了让学生更深刻地理解度量的本质，教师尝试设计下面练习，学生在深入思考、实践探究的过程中，深入感受度量的本质。

利用学生熟悉的三角板拼摆图形探索规律，激发兴趣。学生先用两个完全一样的等腰直角三角板拼摆图形，完成并观察表格，探究拼成图形的面积、周长之间的联系；接着用四个完全一样的等腰直角三角板拼摆图形，完成表格，并把拼成的图形在方格纸上画出来，探究多边形的面积、周长之间的联系，并尝试用字母表示；最后，联想、类比观察正多边形的分割图，猜想圆可以看成是边数无限的正多边形，渗透极限思想，为六年级学习圆的面积奠定基础，让学生的思维持续延伸。此道精深练习的设计让学生深刻感受到了三角形作为基础图形的研究价值，也再次验证了单元课时重构的合理性，指向深度学习。

"玩转三角板"是一个典型案例，它利用学生熟悉的三角板拼摆图形探索规律，激发兴趣。学生先用两个完全一样的等腰直角三角板拼摆图形，完成并观察表格，探究拼成图形的面积、周长之间的联系；接着用四个完全一样的等腰直角三角板拼摆图形，完成表格，并把拼成的图形在方格纸上画出来，探究多边形的面积、周长之间的联系，并尝试用字母表示；最后，联想、类比观察正多边形的分割图，猜想圆可以看成是边数无限的正多边形，渗透极限思想，为六年级学习圆的面积奠定基础，让学生的思维持续延伸。该练习的设计既让学生深刻感受到了三角形作为基础图形的研究价值，也再次验证了单元课时重构的合理性，指向深度学习。

【案例4-3】玩转三角板

除了钉子板，三角板也是学习数学的好帮手，我们还可以借助三角板来探究平面图形之间的联系，动手试试吧！

1.用两个完全一样的三角尺（等腰直角三角形）能拼成我们学过的哪些图形？

（1）请想一想，拼一拼，并完成表格。

结论＼图形	长方形	正方形	圆	三角形	平行四边形	梯形
我的猜想						
验证结果						

（2）仔细观察这些拼成的图形，它们的面积相等吗？周长呢？

2.用四个完全一样的三角尺（等腰直角三角形）能拼成我们学过的哪些图形呢？它们的面积、周长又有什么样的关系？

（1）请想一想，拼一拼，并完成表格。

结论＼图形						
我的猜想						
验证结果						

设计意图：本题学生通过观察、想象、猜想、拼组验证两个、四个完全一样的等腰直角三角形，经历独立思考、自主猜想、操作验证、推理论证等一系列的过程，通过数学化的思考，落实空间观念、符号意识、推理能力等数学核心素养。

（2)将你拼成的图形画在下面方格纸上。

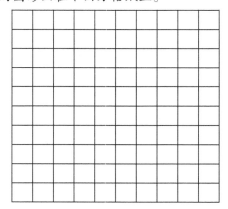

（3）如果用字母a表示等腰直角三角形的直角边，用字母b表示等腰直角三角形的斜边，你能用含有字母的式子表示拼成的图形的周长和面积吗？

（4）基于以上操作方法，细心的同学发现正方形可以看作由四个完全相等的三角形拼成的，正六边形可以看作由六个完全相等的三角形拼成的，正八边形可以看作由八个完全相等的三角形拼成的，想一想，如果继续这样操作下去，用无限多的完全相等的小三角形能拼成什么图形？

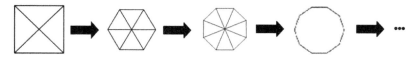

我的猜想：_____。

（设计意图：学生通过对正多边形的分割图的类比观察，猜想圆可以看成是边数无限的正多边形，渗透极限思想，为六年级学习圆的面积的推导奠定基础。让学生的思维持续延伸。）

在课堂上要做好精深练习我们要做到以下几点，一是必须在打牢基础练习的基础上进行深入练习才能达到练习的效果，重视基础练习的精确性，教师需要筛选教学资源，设计趣味基础练习；二是问题驱动，引导学生进入精深练习区。在大问题驱动下，学生自己探究、思考、尝试并解决问题；三是注重学生经历知识形成的过程，允许并鼓励试错。学生在自己"尝试—出错—纠正"的过程中，才能更好地把知识转化为技能，收获成长与成功的喜悦。

（四）任务实践——课堂学习活动的基本形式

课堂活动由不同的环节构成，在每个教学环节中明确任务目标，设计以任务驱动为主旨的任务实践活动是"美好课堂"的特点，任务驱动即可以调动学生更大的学习积极性，激发合作学习的欲望，还可以给学生提供更多展示自己的平台，真正做到"道而弗牵"，把课堂学习还给学生。

设计与教学相关的实际任务时，还需要考虑到让左右脑协作配合，完成任务，促进全脑发展。例如美术课堂上，《生日快乐》单元教学时，教师通过设置环环相扣的实践任务，即调动学生的积极性的同时，又提升了学生的综合素养（见表4-4）。

表 4-4　《生日快乐》单元实践任务

课时	具体任务	任务要求	评价标准
课时1	通过哪些方式表达对他人生日的祝福？（图文结合）	1.明确赠予对象并确定赠送方式 2.手绘礼物草图并文字说明所用材料 3.图文设计美观，文字语言精练	
课时2	如何做出有意义的生日礼物（蛋糕或贺卡）	1.采取个人或两人合作的方式 2.制作材料多样化 3.色彩搭配对比协调	
课时3	如何将生日的场景记录下来？	1.人物动态表情丰富 2.烘托出生日的欢快气氛 3.色彩搭配以暖色调为主	
课后	将你制作的生日礼物赠予他人。	1.表达对他人生日的祝福。（口语表达）	

第二节 "美好课堂"学科实践

一、"博雅——思政"实践

【案例4-4】强国必须强军

教材来源： 小学高年级人教版《习近平新时代中国特色社会主义思想学生读本》第12讲

案例提供： 范培旭 / 郑州市中原区汝河新区小学

学习目标：

1.通过历史资料对比感悟"强国必须强军"，了解军队对保卫和平的重要意义，明确军队建设目标。

2.通过资料收集整理，讨论思辨，培养学生辩证地看待问题的能力，理解强军的重要性，增强学生对军人的崇敬。

3.通过拥军故事感受"军民鱼水一家亲"的拥军传统，建立拥军观念，作出拥军行动，长大以后愿意从事祖国国防事业。

学习重难点：

重点：知道强国必须强军，强军对保卫和平的重要意义；了解我国我党为了建设世界一流军队做出的努力及军队建设的目标。

难点：感受"军民鱼水一家亲"的拥军传统，建立拥军观念，作出拥军行动，长大后愿意从事祖国国防事业。

教材分析："强国必须强军"是《习近平新时代中国特色社会主义思想学生读本》（小学高年级）第12讲内容。本课共有四个部分，分别是"国防和军队""和平需要保卫""建设世界一流军队"和"发扬拥军爱民的光荣传统"，讲述了国家要发展，建设一流军队很重要，旨在帮助学生建立拥军观念，激发尊敬人民军队的情感，将爱党、爱国、爱人民的种子扎根在学生心中。

学习过程:

一、生活情境:

师:同学们,你们见过解放军吗?

中国人民解放军是一支具有光荣革命传统的军队。在中国共产党的领导下,为捍卫国家主权和领土完整,为祖国建设作出了巨大的贡献。下面我们就来看一段视频。

(观看陆军,海军,空军,航母演习视频。)

师:相信看完视频后,大家和老师的心情一样,热血沸腾。这节课,老师邀请大家一起来学习《习近平新时代中国特色社会主义思想学生读本》第12讲《强国必须强军》。

师:日常生活中,你在哪些地方见过军人?当你看到他们的时候,你有怎样的感觉?

教师小结:是的,抗洪有他们,地震救灾有他们,雪灾天灾也有他们,哪里有危险,哪里就有他们的身影。因为有了他们,我们才能有现在和平而幸福的生活。

师:今天的幸福生活,来之不易。曾经屈辱的历史,我们更不能忘记。回顾历史,更能让我们发奋自强。孩子们,你们知道《辛丑条约》吗?我们一起来了解一下吧。

出示《辛丑条约》相关视频。

师:看完视频,相信大家此时的心里一定是五味杂陈,谁能说一说,此时此刻,你的心里是什么感受?

师:直到1949年2月3日中国人民解放军举行北平入城式,毛泽东主席特地命令人民解放军必须全副武装通过东交民巷。当人民解放军的坦克、大炮雄赳赳、气昂昂地通过东交民巷时,一个多世纪以来的耻辱终于得以洗刷。新中国成立后不久,我们便取得抗美援朝战争的胜利。和平需要保卫,强军才能强国,军强才能国强。

二、多路刺激、深入思考、任务实践

任务一:和平需要保卫

师：经过无数革命先烈的艰苦奋斗，现如今的中国，不仅洗刷了过去的耻辱，更具有随时随地保护自己国民不受侵害的底气和实力。孩子们，你们知道吗？2015年，也门爆发战争。当时正在也门附近海域执行任务的中国海军，得到消息，迅速前往。保护几百名中国公民安全撤离。

学生活动：自学课本第74页，并为这两张照片配上解说词。

1.第一张照片是中国海军姐姐带着小妹妹登舰的照片。假如你是照片中的小妹妹，你会怎么想？

2.再看第二张照片，是其他国家公民在无尽地等待。假如你是此时的外国公民，又会怎么想？

师：也门撤侨行动中，我们不仅撤离了自己国家的公民，还协助15个国家，帮助200多名其他国家的公民安全撤离。请看这是我们解放军帮助巴基斯坦公民撤离的照片，这是日本公民向我们鞠躬致敬的照片。

学生活动：接下来请大家以小组为单位讨论以下四个问题；

1.如果我们没有强大的海军，会有什么后果？

2.为什么我们还积极帮助他国公民？

3.也门撤侨有何重大意义？

4.你还知道哪些撤侨事件？

教师小结：解放军协助其他国家的公民安全撤离，说明我们的军队不仅保护着我们自己，也力所能及地维护世界的和平与安全。因此，我们的维和部队诞生了。请看这是维和部队贝雷帽，这是蓝盔部队标志。2020年是中国参加联合国维和行动30周年。30年来，中国军队先后参加25项联合国维和行动。中国累计派出官兵4万余人次，中国参加联合国的维和行动，不仅从侧面证明了我们国家军队的实力，更凸显了大国的担当。

师：2021年，我们的国防支出预算就有13795.44亿元。

师：你知道国防开支都用于哪些方面吗？

任务二：建设世界一流军队

师：我们的目标是建设一支听党指挥、能打胜仗、作风优良的人民军队，把人民解放军建设成为世界一流军队。

（出示中国人民解放军建军90周年阅兵视频。）

师：看完视频，你心里又有什么感受？

师：我们的国家从站起来、富起来到强起来的伟大飞跃，人民军队始终和人民命运同呼吸共命运。哪里有危险，哪里就有人民子弟兵。

（出示解放军医务工作者照片，出示保卫边疆解放军照片。）

师：再看边疆戍卫部队。在中国西部，喀喇昆仑高原，海拔5000多米，极寒缺氧，常年冰雪覆盖，雪花被风一吹，就像刀子一样。就是在这人迹罕至的国土。保卫边疆的英雄们用鲜血与环境搏斗，与敌人战斗！绝不后退一步！2020年6月，在喀喇昆仑高原加勒万河谷边境冲突中，陈江军、陈祥榕、肖思远、王焯冉四名战士为国捐躯。请记住，他们是为我们而牺牲！

（出示解放军抗洪照片。）

师：2021年7月20日。河南省遭遇极端强降雨天气。人民群众生命财产安全遭受巨大威胁。灾情发生后第一时间，人民解放军便火速奔赴河南支援。风雨中，他们的背影是最让人安心最让人充满希望的存在。中原大地暴风雨中，人民子弟兵，再筑铜墙铁壁！

教师小结：孩子们，这些人，才是你们应该追的星。哪有什么岁月静好，只不过是有人替我们负重前行！

出示《长津湖》剧照，《长津湖》电影里的一句经典台词，我们永远都不能忘记："这场仗，如果我们不打，就是我们的下一代要打！"如今，我们能坐在宽敞明亮的教室里，安心地读书学习，是无数革命先烈用鲜血换来的！并不是所有的儿童都能像我们这么幸运。世界上还有很多孩子还在饱受战争之苦！

（出示"战火中的儿童"视频。）

师：孩子们，你们看。

师：看完这个视频，我发现很多孩子都发出了长长的叹息声！此时此刻，你又有什么想说的？

任务三：发扬拥军爱民的光荣传统

师：中国人民解放军是我们坚强有力的后盾，我们要发扬拥军爱民的光荣传统。

出示"军民一家亲"图片。

师：你们认为，我们怎样可以发扬拥军爱民的光荣传统呢？我们可以为解放军做些什么呢？

学生活动：请以小组为单位，互相说一说。

三、新课总结

师：到这儿，我们本节课就要接近尾声了。通过这节课的学习，你有哪些收获？或者你有什么感受？

（出示习近平主席《军民情·七律》。）

师：最后让我们有感情地大声朗读习爷爷的《军民情·七律》。

总结：孩子们，珍惜吧！珍惜这和平的来之不易！珍惜你现在拥有的来之不易！因为我们并不是生在了和平的年代，而是生在了和平的中国！让我们从现在开始，努力学习，树立正确的三观。将来成为国家的栋梁之才，来报效祖国！

板书设计：

强国必须强军

和平需要保卫

建设世界一流军队

发扬拥军爱民的光荣传统

本节课教师先让学生欣赏了陆军、海军、空军的演习视频，紧接着从生活情境入手，请孩子们说一说，在哪些地方见过解放军，初步激发学生对解放军的仰慕敬爱之情，让学生体会解放军就在我们的身边，哪里有危险，哪里就有人民子弟兵的身影。通过设置问题：党中央为什么如此关注推动军队建设？引发学生思考，通过播放《辛丑条约》的视频，呈现了2021年，又一个辛丑年，中方在与美国高层战略会话中局面的转变。百年辛丑对比，两种视觉刺激冲击，使学生初步感受到我国军队的发展，初步感悟战争与和平的辩证关系。

接下来老师通过和平需要保卫、建设世界一流军队、发扬拥军爱民的光荣传统三项任务的设置，反复通过视频、照片、事件等多感官刺激，引发学生深入思考，激发学生的爱国情。如在介绍"也门撤侨"事件时，通过图片对比，并让孩子们为它们配上解说词。

1.第一张照片是中国海军姐姐带着小妹妹登舰的照片。假如你是照片中的小妹妹，你会怎么想？

2.再看第二张照片，是其他国家公民在无尽的等待。假如你是此时的外国公民，又会怎么想？

紧接着通过学生活动，以小组为单位讨论以下四个问题

①如果我们没有强大的海军，会有什么后果？

②为什么我们还积极帮助他国公民？

③也门撤侨有何重大意义？

④你还知道哪些撤侨事件？

接着通过视频让学生欣赏2017年为庆祝中国人民解放军90岁生日的沙场阅兵仪式，又继续出示，解放军保卫边疆，抗洪救灾，抗疫等的照片，并将中国儿童安心学习的照片与战火中的儿童视频相对比，多重视觉刺激，使学生进一步深刻体会到，如今我们的幸福生活来之不易，人民与解放军同呼吸共命运。

最后到了本节课的结尾部分。由前面一系列的铺垫，号召孩子们发扬拥军爱民的光荣传统，并提倡孩子们我为解放军做一件小事儿。孩子们感触颇深，畅所欲言。最后本节课已习近平主席的《军民情·七律》作为结尾，总结全课，升华主题，激发学生，拥军爱民，树立远大理想，努力学习报效祖国。

二、"睿智——数学"实践

【案例4-5】《立体图形》整理复习

教材来源： 小学六年级（数学）教科书/人民教育出版社2013年版

内容来源： 小学六年级（下册）第六单元

主题： 立体图形整理和复习

案例提供： 袁宾佳/郑州市中原区汝河新区小学

课程标准：

通过观察、操作，认识长方体、正方体、圆柱和圆锥，认识长方体、正方体和圆柱的展开图。

教材分析：

人教版小学数学六年级下册"立体图形的整理与复习"，这部分包括了小学阶段所学过的立体图形。教科书例4是整理与复习立体图形的特征，将长方体、正方体、圆柱和圆锥集中在一起，复习它们的特征和各部分名称，比较图形之间的相同点和不同点，沟通立体图形与平面图形之间的联系，帮助学生形成几何形体的表象，进一步掌握这些图形的特征。例5是整理与复习这4种立体图形的表面积、体积的计算公式。学生不仅要掌握这些公式，还要理清这些公式是怎么推导出来的，正所谓"知其然，而要知其所以然"。沟通长方体和正方体，圆柱与圆锥的体积之间的关系，帮助学生建立知识网络。

学情分析：

立体图形的整理与复习是人教版六年级下册第六单元的教学内容，是系统地整理长方体、正方体、圆柱和圆锥的相关知识并学会运用知识解决问题，是在学生六年级复习阶段，进行整理和复习的过程，以此来帮助学生进一步巩固立体的相关知识。复习好本模块知识，对于提高学生的分析能力，进一步学习数学的其他知识具有十分重要的意义。数学知识的认知体系是在单一知识点的掌握和建立相互联系中逐步完善的，是在不断积累和综合应用中逐步形成的。这部分是对形体这一知识进行全面系统的整理和复习，帮助学生从形体以及平面图形各方面的知识要点发现联系，来构建知识结构体系。同时还在唤起学生各知识要点具体内容和对比认识等方面，有意识地给学生留下回忆和思考的空间。以此为基础，培养学生的迁移类推能力和概括能力，以及运用所学知识解决实际问题的能力，并引导学生探索知识间的内在联系，渗透转化思想，促使学生在一系列的观察、猜测、思考和表述中，自己发现规律，自己解决问题。

复习目标：

1.通过观察、分类，找出立体图形之间的内在联系，能构建图形网络，使所学知识进一步条理化和系统化。

2.通过立体图形的分类过程，能梳理出长方体、正方体、圆柱和圆锥的特征、表面积、体积计算公式，并能灵活地根据问题情境，选择合理的方法进行计算。

3.通过用不同的分类方法去观察与分析图形，发展空间观念，体会解决问题的乐趣。

复习重、难点：

沟通立体图形的内在联系。

配套资源：

实施资源：《整理和复习》PPT课件

评价任务：

任务一：在交流、讨论中完成活动1和思考1、2、3。

任务二：在交流、讨论中完成活动2和思考4。

任务三：完成思考5。

学习过程：

一、课前设计

完成导学案。

立体图形的整理复习

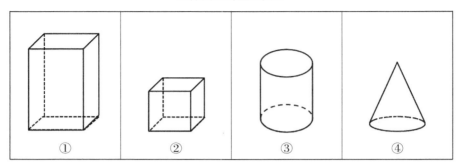

请你结合评价标准给上面4个立体图形分类，写出分类依据。

立体图形分类整理评价表

评价等级	A ☆☆☆	B ☆☆	C ☆☆
评价标准	分类依据合理清晰，知识点整理全面，能很好的体现知识之间的联系	分类依据比较合理清晰，知识点整理比较全面，知识之间的联系体现得不够密切	分类依据不够合理清晰，知识点整理不全面，不能体现知识之间的联系
评价结果	（　　）	（　　）	（　　）

二、课堂设计

（一）物以类聚，知识梳理

课前学生已经根据评价标准，用分类的方法整理了长方体、正方体、圆柱、圆锥之间的联系，初步梳理了立体图形的知识网络图。

活动1：请大家拿出导学案，四人小组交流一下你是如何进行分类的？分类的依据是什么？组长进行汇总，准备全班交流。

学生从不同角度阐述分类理由，唤醒学生已有的知识、方法以及经验，重建认知结构。

预设1

①②③归为一类。

依据：(1) 都有无数条高。

(2) 体积都等于底面积×高。

(3) 表面积＝侧面积＋2个底面积。

(4) 侧面展开图都是长方形，侧面积＝底面周长×高。

(5) 都是由一个图形通过平移得到。

④单独一类。

预设2

①②归为一类。

依据：(1) 都有6个面、8个顶点、12条棱。

(2) 每个面都是长方形或正方形。

(3) 正方体是特殊的长方体。

③④归为一类。

依据：(1) 有曲面，底面是圆形。

(2) 等底等高的圆柱体积是圆锥体积的3倍。

(3) 都是由一个图形旋转得到。

思考1：为什么圆锥不能通过平面图形平移得到？

思考2：为什么长方体、正方体不能通过平面图形旋转得到？

思考3：你觉得这样分类有什么好处？

小结：物以类聚，我们用分类的方法对立体图形进行了整理，不但很清楚地明白了它们之间的联系，并且还能触类旁通，了解了更多立体图形的知识。看来分类是一个很好的整理方法，大家以后在整理时也可以用这种方法，相信会有更多的收获。

(二) 问题解决

通过刚才小组汇报和大家的交流补充，发现你们是一群特别有心有想法的孩子，相信你们在生活中也是如此。

1.根据情景选择合适的解决策略

活动2：完成下面两个练习。

不知道大家有没有注意到，这两年郑州地铁建设正在如火如荼地进

107

行着。随处可见这种被围挡挡住的施工现场。

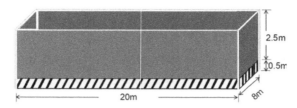

练习1：判断下面算式是否能解决"图中围挡铺设了多少仿真草毯"（接缝处忽略不计）。

（1）（20×2.5＋8×3）×2　　　（　　　）

（2）（20×2.5＋8×2.5）×2　　（　　　）

（3）（20＋8）×2×2.5　　　　（　　　）

在地铁隧道建设中有一个被称为"穿山甲"的神器，发挥着重要的作用，你们知道是什么机器吗？它就是盾构机，想知道它是如何工作的吗？仔细观察视频，看哪些地方应用到了立体图形？

思考4：盾构机运行一天能挖出多少土？想解决这个问题需要什么条件？

练习2：

（1）一台盾构机盾体部分的直径为8米，长度为12米。盾构机运行一天前进10米，会挖出多少土？正确的算式是（　　　）。

A. $8^2×3.14×10$

B. $(8÷2)^2×3.14×12$

C. $(8÷2)^2×3.14×10$

（2）已知渣土车是由三节长宽高分别为4米、2.5米、2米的长方体车厢构成的，一天挖出的土需要多少辆渣土车能运完？

2.根据圆柱的动态变化解决问题

立体图形在我们的生活中应用广泛，大到城市地铁建设，小到木料加工。

思考5：木料进行如右的切削后有什么变化？

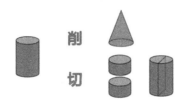

三、触类旁通，提升应用

看来切削中隐含了很多数学知识，那还有什么图形也可以这样削、这样切呢？又蕴藏着什么样的数学知识呢？请同学们观看接下来的视频。

播放微课："你会'触类旁通'吗？"

四、课堂总结

师：看完视频，结合今天整理的这些知识，你有什么收获？

总结：我们用分类的方法进行了整理，沟通了知识之间的联系，在此基础上，我们还可以继续触类旁通，进行拓展。温故而知新，这就是复习的意义。

"立体图形"整理复习一课，课前以前置性作业"你能给这些图形分分类吗"作为任务驱动，引导学生从不同角度阐述分类理由；课上小组合作进行交流补充，梳理知识结构；教师通过课件动态演示图形平移、旋转，进一步加深了学生对面动成体的标准的理解；播放短视频"你会触类旁通吗？"引导学生由圆柱联系长方体、正方体以及长方形和正方形，通过多路刺激，唤醒学生已有的知识、方法和经验，引导学生将原来彼此分割开来的知识进行重新组织和构建，温故更要知"新"。

在立体图形教学中，学生对计算公式的运用并不困难，解决生活中的实际问题，却是学生的能力弱项。所以在设计练习时，教师特别注重了与生活实际相联系，加强数学内容与学生生活的联系，让学生从生活中来，到生活中去。这也是学校"美好课堂"教学形态的主要环节之——生活情境。基于以上，教师以地铁建设这个大的情境设计了生活应用问题，地铁施工现场的围挡是我们在城市生活中随处看见的，学生比较熟悉。地铁建设离不开的盾构机，很多学生是不了解的，教师以视频的形式对盾构机的工作原理进行了介绍，通过多路刺激，不但能让学生主动去发现并提出盾构机中的数学问题，还极大地提高了他们的兴趣，以及由国家迅速发展产生的自豪感。

教师在设计练习时，应注重精深练习，让学生自己在探究、思考、尝试中解决问题。基于此，在设计时要注重练习的一般作用以及学生主体作用的发挥，尊重学生的个体差异。本节课共设计了三个解决问题：解决问题一主要考查长方体的底面积以及侧面积的计算方法；解决问题二、三既考察了圆柱、长方体的知识，也考察了它们之间的联系。三个问题由易到难，并且针对不同层次的学生设计了不同的评价量表，让每个孩子在解决问题的过程中都能有思考有交流有收获。

一节课复习完后，让学生谈谈收获与遗憾，给学生一个自我反思、自我总结的机会，课下继续用课堂上所学的方法和触类旁通的思想继续探究和实践，为学生的后续学习埋下伏笔。

三、"创新——劳技"实践

【案例4-6】移栽吊兰

教材来源： 小学三年级《劳动与技术》教科书/河南科学技术出版社2021年版

内容来源： 小学三年级《劳动与技术（上册）》第6单元

主题： 移栽吊兰

案例提供： 王媛媛/郑州市中原区汝河新区小学

学习目标确定的依据：

1.新时代劳动教育内容的中高段要求

以校园劳动和家庭劳动为主要内容开展劳动教育，体会劳动光荣，尊重普通劳动者，初步养成热爱劳动、热爱生活的态度。初步体验种植、养殖、手工制作等简单的生产劳动，初步学会与他人合作劳动，懂得生活用品、食品来之不易，珍惜劳动成果。

2.教材分析

《移栽吊兰》教材分为三部分：简单介绍吊兰后，学生认真观察思考吊兰的栽培方式；然后商讨确定吊兰的移栽方案，根据移栽方案动手实践；最后分享成果。要求学生能够掌握简单的移栽技术、种植技术，形成基本劳动技能。

3.学情分析

首先三年级学生的课外阅读面广，好奇心强，对于大自然中的绿色植物认识了解得比较多，吊兰对于三年级学生并不陌生。根据调查发现，91%的学生家中都会养殖绿色植物，比如绿萝、多肉、芦荟、月季、菊花等。89.3%的学生在家中看过或者和父母一起移栽过植物，因此具有一定的移栽经验。但独立完成移栽的学生仅有28.6%，看来学生需要掌握必备的劳动技能，培养热爱劳动的优秀品质。

学习目标：

1. 初步掌握有关移栽吊兰的知识与方法，掌握吊兰的移栽技术。

2. 进一步提升观察、思维、想象、合作的能力。

3. 养成热爱自然，喜欢植物，美化环境的思想感情，增强爱劳动的思想，养成认真、安全、有条理的劳动习惯。

学习重难点：

能自行选择材料设计移栽方案，掌握吊兰的移栽技术。

学习准备：

课件、移栽方案设计单、材料用具（剪刀、四盆吊兰、花盆、营养土、浇水杯、一次性桌布、一次性手套、铲子等等）。

学习过程：

一、情景导入

师：同学们，请看我们教室里的这盆吊兰在大家的精心呵护下长得非常旺盛，就像绿色的小瀑布一样。但长得越旺盛，它们对盆里的养分消耗越多，为避免吊兰爆盆，可以进行移栽养护，下面就让我们移栽一些吊兰，放在教室养护，美化我们的教室吧。

二、多路刺激——新授课

1.视觉再现刺激——唤起移栽经验

师：想一想，在我们的生活中，哪些植物可以移栽？怎样移栽？

生1：芦荟从原植物旁边拔掉一株小苗栽到新的花盆里。

师：这是分株法。所谓分株法就是将植物分离出一部分根系进行移栽。

生2：薄荷等植物将种子撒在花盆里。

师：把种子撒在花盆里种植就是播种法。

生3：将多肉的叶片种在土壤里。

师：我们剪取植物的茎、叶、根、芽等营养器官，插入土中的方法就是扦插法，像吊兰也可以用扦插法进行移栽，就是把长有新芽的匍匐茎插入土中。或者从匍匐茎上剪下来一棵小植株插入土中。

师小结：同学们的课外知识真丰富！这三种方法各有千秋，我们来听听花卉专家的介绍吧。

师：听完花卉专家的讲解，你想选择哪一种呢？为什么？谁还有不同的想法？

2.设计移栽方案

师：相信同学们都已经有了自己的想法，现在我们一起来设计移栽方案吧。请大家认真看移栽方案表，移栽方法选择哪一项就在哪一项的后面画上对号，想一想会用到哪些材料和工具，移栽步骤有哪些？如往花盆中填土，我们就可以写填土两字，尽可能简单明了。

师：谁来读一读要求？

要求：一是完成表格，尽可能简单明了。

二是每人都要说一说，组员之间可以相互补充。

三是推荐一名代表进行汇报。

四是时间5分钟。

开始活动，小组活动结束后，请坐直示意老师。

汇报交流：

师：哪一小组想来说一说？

师：还有补充吗？生说，师板书，学生补充。

师：快速修改一下你们的方案设计单吧。

3.视觉、触觉、听觉刺激——动手操作

师：同学们认真思考，想一想在移栽步骤中，哪一步需要注意些什么？

生1：我们在剪匍匐茎的时候要注意，不要伤到了上面的气根。

师：你想得真周到！看来你是个细心的孩子，注意到了细节。你的提醒很重要，需要我们大家都注意。

师：王老师在家也移栽了一盆吊兰，看完视频后，你们觉得还有哪些细节是我们刚刚没有想到的？

师：你听得很认真，会听的孩子是会学习的孩子。

师：观察得真仔细，相信你们肯定能完成得非常好。真是一群善于观察、善于学习的孩子。

师：在动手操作之前，谁来读一读我们的操作要求呢？

操作要求：一是组长合理分工，人人有事做。

二是移栽完成后，请及时清理桌面，保持桌面干净整洁。

三是操作过程中注意安全。

四是时间10分钟。

师：在操作过程中，你们有没有遇到一些问题？或者好的方法给大家分享一下吗？

生1：浇水多，流出来了。

师：该如何预防呢？

师：你的办法，一个字，妙！给你们点个赞。

生2：我们小组的吊兰直不起来。

师：该如何解决呢？

师：不仅发现了问题，还找到了解决办法，真了不起。

……

师：谁有好办法？

师适时评价：同学们想出了这么多的解决办法，老师为你们骄傲。

（4）养护

师：吊兰的存活还需要定期的养护，我们该如何养护它呢？

生：要注意浇水施肥、修剪、防害虫。放在阴凉，温暖，湿润的地方……

教师小结：都是一群热爱生活，充满爱心的孩子。在花盆上贴上你们的组名帖，课下放在合适的位置装饰一下我们的教室吧。也请同学们细心地养护你们的吊兰，用自己喜欢的方式记录吊兰的成长过程吧，下个月我们一起来分享。

三、精深练习——水培吊兰

师：我这里还有一盆吊兰，你们看他们有什么不一样吗？

生：在水里。

师：像这种栽培方式叫做水培，像这种盆栽叫做土培。

师：谁能来试一试水培？你能边说边操作吗？

生1：水倒少了。

生2：苗沉下去了。

生3：先放苗，再倒水。

教师小结：在养殖吊兰过程中，人们发现，可以先把幼苗在水里培育好，等它长出很多根系后，再移栽到土壤里，能够使幼苗的成活率大大提高，所以现在人们将水培与土培进行了有机结合。

四、任务实践

师：这节课你有什么收获呢？

教师小结：其实这种移栽吊兰的方法还适用于更多的植物，比如：绿萝、月季、多肉、虎皮兰、薄荷等等。课下请同学选择一种自己喜欢的植物（注意选择可以移栽的植物），利用我们今天学习的知识，试一试移栽一盆，放在家里并做好养护吧。

五、板书设计

填土	选苗
修剪	栽种
浇透水	管理

本节课通过创设生活实际情景，解决教室里吊兰即将爆盆及进一步美化教室环境的问题，激发学生的学习兴趣。新授课部分教师通过多视角输入，多感官刺激增强学习和记忆的效果。一是视觉再现刺激——唤起移栽经验。学生在生活中经常会见到长辈移栽植物，通过大脑回忆，将视觉记忆再现，构建移栽吊兰的方法桥梁。再通过视频学习，了解移栽吊兰方法的优劣，根据自身实际情况选择移栽方法。二是视觉、触觉、听觉刺激——动手操作。教师先通过问题，刺激学生想起部分注意事项，然后通过观看视频和讲解，在视觉和听觉双重刺激下，纽学生能够注意到更多细节，提高后面动手实践活动的成功率。在动手操作过程中，通过视觉、触觉刺激大脑。在操作完成后，学生之间进行问题答疑，通过倾听与反思，进行完善，最后成功移栽吊兰。总之，在整个操作练习的过程中，通过视觉、触觉、听觉等多种刺激，刺激大脑中髓鞘质增多、增厚。

在学习土培移栽吊兰后，教师紧接着设计了精深练习，学生能够根据移栽经验，迁移类推出水培的移栽方法，将吊兰的移栽学习进一步深化，在这样的练习下，再次刺激大脑中髓鞘质增多、增厚。最后学生可以在课下利用本节课所学知识移栽其他植物，通过任务实践强化对知识的理解和运用。

第三节 "美好课堂"成效评价

随着21世纪核心素养的提出，落实学生的核心素养就成了课程改革的导向，其中学科课程的教学是实现培养学生学科核心素养目标的重要途径，华东师范大学崔允漷教授认为指向学科核心素养的大单元设计是学科教育落实立德树人、发展素质教育、深化课程改革的必然要求，也是学科核心素养落地的关键路径。可见课堂教学落实核心素养的主要途径是单元整体教学，因此汝河新区小学在"美好课堂"实践中，以单元整体教学为抓手，加强理论学习，带领教师学习、研读各种文件，开展讨论交流，组织丰富多彩的校本教研活动，丰富教师的理论知识，在交流碰撞、实践研讨中促进教师更新教育教学观念、创新教学方法、改进教学模式，提升课堂教学质量，落实学科核心素养。

一、课堂观察，提升教学有效性

为更有效地促进美好课堂形态在日常教学中落实，学校课程组通过日常推门听课，举行各种汇报课及"美好课堂"形态研讨活动，直接观察课堂、参与课堂，获得详实生动的第一手资料，及时调整课堂教学并根据不同学科、不同课型在学校整体课堂形态的统领下适当调整教学。推进"美好课堂"形态的落地。为了课堂观察的科学性与严谨性，学校课程组研讨确定了美好课堂各科的评价标准及课堂观察量表，从教师的教和学生的学两个层面有效观察课堂，及时调整课堂教学，提升美好课堂的有效性。

表4-5 汝河新区小学"睿智——数学"教学评价标准

要素	目标	基本表现及得分			
		教师（60分）	得分	学生（40分）	得分
生活情景	激发学习兴趣，体会生活与数学之间的联系	1.设计具有"针对性、趣味性、思考性、探究性"的生活情境；（8分）2.抓住学生好奇心，激发学生求知欲和学习兴趣。（6分）		1.感受数学与生活的紧密联系，对身边与数学有关的事物产生好奇心；（3分）2.有良好的倾听习惯和注意品质。（3分）	
多路刺激	通过多个感觉器官的刺激，学生在知识学习过程中全身心投入到学习中，并在知识信息接收中形成有机协作的整体	1.准备多感官课堂材料，设计多感官课堂环节以及活动；（8分）2.尊重学生的参与习惯，多角度地引导学生个性化参与课堂。（10分）		1.多感觉器官在课堂中并用，通过多路刺激，加深对知识信息的理解；（10分）2.在视听环节、动手环节、互动环节等多路刺激的活动中获得经验，对知识进行总结感悟。（8分）	
精深练习	巩固新知 举一反三 应用于生活	1.少而精、趣味性、目的性和针对性；（10分）2.注重发展学生思维，体现层次性。（6分）		1.良好的数学学习习惯；（3分）2.会思考，会倾听；（3分）3.通过交流质疑合作，较好地完成数学活动任务。（3分）	
任务实践	能将所学知识应用于解决生活实际问题，促进创新思维和实践能力的发展	1.任务目标是否明确；（6分）2.是否参与指导学生实践。（6分）		1.能够运用所学知识，积极参与其中（3分）2.体会数学与生活的密切联系；（2分）3.能与同伴交流，合作。（2分）	

表4-6 汝河新区小学"博雅——语文"教学评价标准

要素	目标	基本表现及得分			
		教师	得分	学生	得分
生活情境	通过情境创设，形成语文生活化的格局，提高学生文化品位和审美情趣。逐步形成积极的人生态度和正确的世界观、价值观	围绕教学目标、依据教学内容，引导学生能够从阅读的文学作品中唤醒个体感受美、领悟美和体验美的能力，形成健康积极的审美情趣和文化品位。（15分）		在创设的情境学习活动中，能够和极参其中，并发挥个体主观能动性，感受语言文字的魅力，从而产生对祖国语言文字的热爱之情，形成健康积极的审美情趣和文化品位。（10分）	
多路刺激	坚持以语言训练和思维训练为核心，听说读写整体要求，提高学生辐射思维能力，激发想象力和科学态度	围绕教学目标、依据教学内容，借助多媒体、创设情境等方式，引导学生使用多种形式进行赏析、表达，提高学生的听、说、读、写能力，思维能力及语言表达能力得以提升。（15分）		在老师的指导下，学生主动进行自主合作、探究式学习，能够运用唱一唱、演一演、说一说等形式，创造性表达自己的理解和感受。（10分）	
精深练习	通过循序渐进地听说读写的练习，使学生具备相应的语文素养和语文能力，达到举一反三的能力	根据学习目标，结合学习情况，设计有效的教学环节和丰富的练习作业，以助学生牢固掌握所学语文知识与技能。（15分）		学生积极认真地参与各项老师设置的各项练习活动，能够通过独立或合作的学习活动，学会倾听、思考、交流、表达，在实践中完成各项深入练习，掌握相关的语文知识与技能。（10分）	

要素	目标	基本表现及得分			
		教师	得分	学生	得分
任务实践	通过观察、讨论、收集资料等方式，使学生能运用语文知识解决生活中的问题，在实践中提高运用语文的能力	教师围绕学习目标或教学主题设置一些学生愿意参与，于成长有益的活动，引导学生主动地进行观察探索和交流，把语文教学与学生的生活有机地结合起来。（15分）		学生通过老师布置的活动，能够真实地感受、理解、掌握语文思想，知识技能的形成过程，激发学生学习语文的兴趣，促进学生的语文能力、生活能力协同发展，培养学生分析、解释、解决现实生活问题的能力，意识和创新精神。（10分）	

表4-7 汝河新区小学"博雅——英语"教学评价标准

要素	目标	基本表现及得分			
		教师（60分）	得分	学生（40分）	得分
生活情景	链接与联系	1.教师教学切入点，营造课堂情景与实际生活联系紧密；（12分） 2.多引用世界角度，体会不同国家的文化，站在世界公民角度来享受英语课堂带来的文化盛宴。（5分）		1.根据课堂情境创设，灵活运用语言知识，并能在拓展环节中迁移联想到其他相关生活情景中，让自己"长出"英语思维的翅膀；（8分） 2.能够了解国外文化，并在自编情景剧中进行运用。（2分）	
多路刺激	活动和活泼	1.教学设计注意刺激多种感官（听说读写唱做，包括尝、触等）；（9分） 2.教学设计与多种学科联想，如绘本教学里的道理与科学练习，听词涂色练习，唱念单词牢牢记。（12分）		1.积极参与其中、乐于参与其中，大胆表达，勇于表现；（5分） 2.能理解、掌握所学单词的含义并能在活动中灵活运用单词，在旧句型中运用新知识。（5分）	

续表

要素	目标	基本表现及得分			
		教师（60分）	得分	学生（40分）	得分
精深练习	探索与交流	1.教师创设机会和平台，设计有价值的问题、高效的活动组织形式；（6分） 2.鼓励孩子充分展示自我，激发学生进一步的探索和创新欲望。（8分）		1.能积极参与小组合作；（2分） 2.能够大胆展示、语言流利、动作大方、情节合理。（8分）	
任务实践	拓展与应用	1.设置分层实践任务，满足每个孩子的差异化发展；（3分） 2.整合读物、视频资料及社会资源。（5分）		1.能完成布置任务；（6分） 2.积极完成课外阅读任务，能流利朗读绘本或能用英语简单地表达自己的观点。（4分）	

表4-8　汝河新区小学"创新——科学"教学评价标准

要素	目标	基本表现及得分			
		教师（60分）	得分	学生（40分）	得分
生活情境	知识源于生活，用于生活	1.从生活真实情景入手，设置平时容易忽略掉的疑问，引发学生思考，引导学生大胆猜测，激发学习兴趣；（6分） 2.针对学生感兴趣的疑问，组织一系列的探究活动，让所学知识更加具有实际意义。（8分）		1.在教师引导下，能从具体现象与事物的观察、比较中，提出可探究的科学问题；（5分） 2.能积极参与活动，对身边的科学事物充满好奇心。（5分）	

续表

要素	目标	基本表现及得分			
		教师（60分）	得分	学生（40分）	得分
多路刺激	学科融合，知识整合	1.融合小学阶段的各科学习目标进行备课，在教学中强调知识的迁移与融合；（10分） 2.将各科知识进行广泛联系。（6分）		1.能大胆质疑，从不同视角提出研究思路，采用新的方法、多角度、多方式完成探究、设计与创作；（6分） 2.能够理解基本的科学知识，发现和提出生活实际中的简单科学问题，并尝试用科学方法和科学知识予以解决。（5分）	
精深练习	追根溯源，立足根本	1.提供多种练习机会，多层次的练习任务；（6分） 2.给学生提供主动参与实验的机会，动手操作练习，提升学生思考、探究以及操作能力；（4分） 3.根据练习得出学习效果的反馈信息，查漏补缺。（5分）		1.通过练习，掌握扎实的知识，丰富知识储备；（3分） 2.通过实验，提高操作能力，把知识同实验结合起来，从而更深刻地理解掌握知识；（3分） 3.通过老师的反馈，巩固知识。（3分）	
任务实践	做中学，学中思	1.开展促进学生思维发展的科学实验；（9分） 2.课堂中设计的实验是否利于与生活实践活动结合起来。（6分）		1.课堂中学到的科学知识是否与生活实际相结合；（5分） 2.是否能把学到的内容应用于实践。（5分）	

表4-9 汝河新区小学"阳光——体音美"教学评价标准

要素	目标	基本表现及得分			
		教师（60分）	得分	学生（40分）	得分
生活情境	知识源于生活，用于生活	1.从生活真实情景入手，运用各种工具、媒材进行创作，表达情感与思想，改善环境与生活；（5分） 2.学生回归于生活，寻找与体会生活中出现的声音，体味生活中的音乐的存在，在不知不觉中感受音乐的存在，生活的美好。（5分）		1.能够利用生活中的废旧材料，进行艺术创造并用于生活；（5分） 2.能够聆听与发现生活中不同的美妙声音。（5分）	
多路刺激	学科融合，知识整合	1."以美育人"通过体音美各科教学，提高学生感受美、表现美、鉴赏美、创造美的能力；（10分） 2.将各科知识进行广泛联系，陶冶情操，发展个性，启迪智慧，激发创新意识和创造能力，全面提高学生素质。（10分）		1.能将多种学科融会贯通，提高综合解决问题的能力；（5分） 2.能够刺激多路感官，用不同形式表现音乐元素。（5分）	
精深练习	追根溯源，立足根本	1.能大胆尝试运用所学美术知识和技能进行表现与创造，展示个性；（9分） 2.运用多种演唱表现形式，让学生在丰富多彩的表演中，巩固练习；（6分） 3.反复、重复、多次练习—反馈—改进—练习（5分）		1.能够通过多种媒材、技巧、制作过程进行艺术创造；（5分） 2.能够通过多种形式加深练习。（5分）	
任务实践	做中学，学中思	1.多动手实践，具有美术探索和创新，审美能力和实践能力得到培养，文化得到熏陶；（5分） 2.让学生参与体验活动的全过程，主动活跃。具有合作精神、全局意识、树立与培养自信意识。（5分）		1.能够通过动手实践，提高审美能力、实践能力；（5分） 2.能够通过参与体验，提高审美与自信。（5分）	

表4-10　ITC项目特色课课堂评价标准

评价维度	评价标准	评价等级（√）				
		很好 A=10	好 B=8	一般 C=5	较差 D=3	差 E=1
师生关系	1.民主、平等、互爱、促学的师生关系					
	2.教师关爱每一位学生，关注学生课堂表现					
	3.学生在课堂学习中获得安全感、期待感、参与感、体验感和成就感					
教学实施	1.教学目标明确具体，可检测、可评价，教学流程清晰，探究过程有序，问题反馈及时，体现学法指导					
	2.学生学习积极性高，课堂参与面广，思维引导精巧，生成过程自然，师生互动平等融洽					
教学效果	1.合作探究有序，学生参与度高，关注个体差异，互动氛围浓厚，学生主体性强					
	2.知识重点理解透彻，难点有效突破，思维拓展到位，技能训练精当，达成学科素养目标					
总分						
质性评价	优点与特色					
	问题与不足					

表4-11　教师课堂评价的有效性观察量表

第（　　）观察小组： 课题《　　　　　　》教师：		时间： 评价总次数：（　　）次	
	评价类型	个数	比例
有效评价	启发导向型评价		
	激励型评价		
	合计		
低效评价	笼统型评价		
	重复答案		
	合计		
无效评价	缺失型评价		
	错误型评价		
	合计		
教学建议：			

表4-12　学生学习参与度观察量表

观察时间：　　　　观察人员：　　　　课题：　　　　授课教师：											
观察环节	问题	齐答次数	举手人数	主动回答人数	指名回答人数	见解独到人数	积极质疑人数	学生座位表			

表4-13　学生对核心知识的理解和运用情况观察量表

预设			达成			
学习目标	评价任务	学习环节	完成情况			
			A	B	C	D
目标1	任务1	1.				
		2.				
		3.				
	任务2					

课程组借助以上量表（见表4-5—13）进行课堂观察，推动了课堂教学改革研究的进程，同时也在锻炼、磨砺、提升每个教师自身的专业素养，在整个实践过程中也实现了学校整体推进、教师专业成长和学生能力的全面提升。

二、"美好课堂"成效渐出水面

（一）"美好课堂"美在"重"学生

"美好课堂"美在"重"学生，教师自觉从前台退到了后台，承认并尊重学生的主体地位，把课堂还给了学生，改变了原有的讲授方式，关注学生对知识的主动探究与建构。"美好课堂"美在"重"学生首先体现在以学生的长远发展为根本，改变单一知识学习为发展学生综合素养。其次体现在"美好课堂"教学中给学生提供了深度思考、自主学习的空间，教师从学生的视角出发，设置问题，设置教学。最后体现在教师充分相信学生，让学生掌握课堂的主动权，教师根据学生的需求适当引导与点拨。

（二）"美好课堂"美在"重"学情

苏霍姆林斯基说过："教学的技巧并不在于预见课的所有细节，而在于根据当时的具体判断，巧妙地在学生不知不觉中作出相应变动。"[①] 首先"美好课堂"注重学情前测，在了解学生已经掌握知识和思维起点的基础上设计教学；其次，在课堂教学的过程中，教师关注课堂生成，不拿课堂预设禁锢学生的思维，而是注重发展课堂生成，及时分析学生思维方向，合理调整课堂教学，顺应学生学习需求。坚持这样灵活调控课堂，助推了学生思维能力的发展，学生课堂参与度、参与质量、展示水平、课堂氛围、互动效果都得到了提升，学生也越来越会讨论、会交流、会质疑、会提出有意义、有价值的问题。

（三）"美好课堂"美在"重"建构

学校在"美好课堂"教学的实施中探究单元整体教学，注重引导学生理解知识与知识之间的联系，能将零碎的知识进行提炼、升华，找知识的生长点、关联点和延伸点，重视知识的再建构，能够在新的情境中迁移类推，转换产生新知，并能综合运用其解决实际问题。这就弥补了日常数学教学中教师只关注单课时，不注意前勾后连的"碎片化"教学的缺陷，规避了以单课时内容讲解为主的弊端。

（四）"美好课堂"美在"重"驱动

"美好课堂"注重以生活中的真实情境导入，将学生的学习置于一种有意义的、贴近学生现实生活的问题情境中，针对情境中的关键问题，驱动学生主动投入"问题解决"的生生、师生互动中，强化学生的探究意识与合作精神，学生围绕具有挑战性的学习主题主动地对问题进行猜想、观察和想象，通过积极的探究实践，深刻地掌握学科核心知识，并运用知识解决实际问题，在做事中理解概念，形成专家思维，引发跨情境的迁移，有利于学生走向深度学习。

---

①苏霍姆林斯基：《给教师的建议》，杜殿坤译，教育科学出版社，2008年，第222页。

（五）"美好课堂"美在"重"体验

经历知识的形成过程对发展学生素养起着重要的作用。教师要重视学生活动体验，通过创设情境、设计活动，使学生在解决问题的活动体验中获得知识与学习经验，学习中重要的不再是"结果"而是"过程"，在学习的过程中获得美好的人生体验，有助于学生促进思维的提升，发展核心素养。

探索课堂改革，创新"美好课堂"模式，转变学生学习方式、变革教师教学方式、革新教育教学方式，实现课堂教学与"双减"工作同频共振，推进课堂教学走深走实，是开启"双减"教育模式，落实"双减"政策、助力减负增效的创新之路。

第四节　"美好课堂"基本特征

一、"美好课堂"的语言之美

"美好课堂"的语言之美是让学生进入唯美缤纷的语言世界，丰富学生的知识储备，提升学生的审美情趣，学生学会深入、理性思考，并能有条理地陈述、表达自己的观点，初步形成个人价值观。"美好课堂"遵循教育规律和学生成长规律，大力弘扬中华优秀传统文化，推动社会主义核心价值观进课堂，在课堂中培养学生高尚的道德情操、扎实的中华文化底蕴，开阔的国际视野。

（一）ITC项目特色课程中的语言美

为弘扬传统文化，丰富学生的精神世界，汝河新区小学开设了ITC项目特色课程——"诗情画意"。通过一系列课堂学习，让学生感悟诗词是传承古今的歌唱，诗词是感动天地的情怀，诗词是勇担使命的理想，诗词是创造未来的力量。中国诗词是浸润在每一个中国人血脉里的文化基因，一代代中华儿女，在诗词的陶冶下，怡情悦性，奋发向上。引导学生在诗词中读懂生活，在生活中读懂诗词。以阅读与鉴赏为起点，通过表达与交流，表演与内化，为培养学识渊博，品行端正的汝河学子培根铸魂。既可博古，还可通今；既可雅言，还可正行！

为拓宽学生国际视野，做到中西融汇，我们开设了ITC项目特色课程——"戏说动画"。动画故事不仅仅是一种娱乐形式，更为学生提供了形象化的语言、奇思妙想的情节、丰富的感官刺激，是儿童文化的趣味性输出。"戏说动画"课程选取儿童感兴趣的英文动画或电影片段，通过趣味导入、佳片有约、我是演员、影迷互动等教学环节设计，为学生创设语言环境，激发其思维能力。增强学生对外来文化的选择能力，培养学生的文化自觉和文化自信，提高学生的语言表达能力。既通中国，也通西方。

（二）博雅——语文教学中的语言美

一篇文章的美，体现在语言表达上，它是作家按照自己的审美意识和观点，依照美学规律寄托的某种理想，铸就了语文的博大精深。在语文阅读教学中，课程组教师引领学生充分挖掘文本内涵，享受语文的语言美，提高语言审美能力，通过巧妙设计教学，带领学生充分感受语言的魅力。例如部编版五年级上册语文第24课《月迹》。

【案例4-7】《月迹》课堂教学节选

一、温故导入，体验语文的语言美

师：古往今来，许多文人墨客写下了很多吟咏月亮的诗篇，让我们一起找寻月亮在古代星空划过的痕迹吧！月光曾经洒落在李白的床前，有诗为证——（课件出示）（生齐背）

静夜思

唐 李白

床前明月光，疑是地上霜。

举头望明月，低头思故乡。

圆月曾经被李白呼作白玉盘，有诗为证——（课件出示）（生齐背）

古朗月行（节选）

唐　李白

小时不识月，呼作白玉盘。

又疑瑶台镜，飞在青云端。

仙人垂两足，桂树作团团。

白兔捣药成，问言与谁餐。

蟾蜍蚀圆影，大明夜已残。

羿昔落九乌，天人清且安。

师：这里的月儿象征着什么呢？（思念）跨越千载，月亮永恒。月亮不仅映照在古人的心中，也摇曳在今人的篇章中，让我们跟随贾平凹寻找他童年的月迹。

（月亮作为孩子们比较熟悉的意向，教师在教育教学过程中，要链接学生已有的知识经验，导入课题。增强与学生之间的沟通，方便新课的讲授。通过同类型诗词回顾，给学生极大的思维空间，方便学生走进文本，体验文本的语言美。）

二、品词析句，寻求语文的语言美

"我们看时，那竹窗帘儿里果然有了月亮，款款地悄没声儿地溜进来，出现在窗前的穿衣镜上了：原来月亮是长了腿的，爬着那竹帘格儿，先是一个白道儿，再是半圆，渐渐地爬得高了，穿衣镜上的圆便满盈了。"

"我们都跑了出去，它果然就在院子里，但再也不是那么一个满满的圆了。满院子的白光，是玉玉的，银银的，灯光也没有这般亮的。院子的中央处，是那棵粗粗的桂树，疏疏的枝，疏疏的叶，桂花还没有开，却有了累累的骨朵儿了。"

"倏忽间，哪儿好像有了一种气息，就在我们身后袅袅，到了头发梢儿上，添了一种淡淡的痒痒的感觉。似乎我们已在月里了，那月桂分明就是我们身后的这一棵了。"

"款款地悄没声儿地溜进来"——这句话让人觉得月亮像一个淘气的孩蹑手蹑脚地走了进来；又让人觉得月亮像一位美丽绝伦的少女，迈着轻盈的步子缓缓走来，十分优雅。

"爬"——表明月亮一点点升起，越过一个个横格，就像是长了腿会爬一样。用"爬"字，写出了在孩子眼里月亮是十分有趣的。

"满满""玉玉的，银银的"——"满满"写月亮的圆；"玉玉的，银银的"写月光如玉般温润，如银般灿烂。

"粗粗""疏疏的""累累""袅袅""淡淡的""痒痒的"使用叠词，写出了月光的特点，读起来朗朗上口。"袅袅"形容花香，将无形赋予有形，仿佛都能看到花香在空气中弥漫、缭绕的踪迹了；"淡淡的"写出香气似有似无；"痒痒的"是从触觉的角度写。独特的联想和奇妙的通感，巧妙地将视觉形象变成了嗅觉、触觉意象，遥不可及的月形月影变成了可闻可触的，给人身临其境之感。

（语言是灵魂的外衣.对文本优美词句或重点段落的赏析，不但能体会作者高明的语言技巧，而且能寻找和把握文本所蕴含的深层次的美学思想。通过教师提问，学生浏览课文，找出觉得好玩、有趣的地方，简单批注理由。带着这个问题仔细研读，结合自身生活经验，学生似乎感受到了作者观察月亮时的专注与认真，通过再次品读，学生恍然大悟：作者通过动态描写，生动展示了月亮的运动足迹。教学时，在教师的引导下，抓住作者所描写的景物、人物以及细节，结合作者的情感，联系现有的阅读经验，放飞学生的想象，让学生深入作者所描写的背景之中，品味意境，体会情感。）

三、关注生活，延伸语文的语言美

师：寻到了月亮，充满好奇心理的孩子们不由地议论起"月亮是个什么呢"问题。月亮是个什么呢？弟弟、妹妹都是怎么说的？"我"是怎

么说的？（课件出示）

师：那么月亮究竟是个什么呢？（月亮象征一切美好事物，孩子们寻找月亮的过程实际上就是寻找美的过程）

师：所以，"月迹"是月亮的变化轨迹，那寻月的过程也就是（寻找美的过程）。

（在不断寻找的过程中，找到了我们每个人心中的小小的圆圆的月亮，当我们心有一轮明月的时候，其实我们已经拥有了无限的天空。贯彻审美教育，不仅仅在于让学生善于从教学文本中发现美，更在于找到美、创造美。当欢乐的阅读之旅结束后，延续美的教育应该得到升华，教师在引导学生发现、感悟、体验文本所表达的意蕴美之后，激励学生用美品味生活，明白文章的主题。言为心声，语文是人类生活中不可或缺的精神食粮。文本中包含的语言时刻在激励着一代又一代学生，启迪他们用自己的行动创造留有余香的美丽。阅读教学中让学生尽情地体验、欣赏课文的语言美，享受语文，理想境界的语文教育便会不期而至。）

二、"美好课堂"的思维之美

"美好课堂"的思维之美，不是学生直接能看得到的，是一种从理解、认可和精神层面去欣赏的美，是需要去感受的美。所谓思维美是学生在"美好课堂"学习过程中火热思考的过程，是波利亚所说的"解题过程中关键性步子"，是弗赖登塔尔所说的"再创造"，是涂荣豹教授所说的"知识本质"。其最重要表现在：①知识的板块与板块之间通过思考建立联系的过程；②解决问题中的"另类"思考方式和"巧妙"处理方法；③运用"迁移"规律，实现思维的延展与再创造。

正如顾沛教授所说："数学的美，在于数学思想深刻之美。"而数学思想的深刻，就要求教师必须对数学知识有深刻的理解和认识，没有深刻的认识和理解，是不能体会这种思维之美的。而对相关知识的深刻理解，正是在数学知识与知识之间建立联系，其实就是数学学习中说的认识数学的本质问题，其集中体现在"同一知识的不同表现形式之间的关系和建立这种关系的思维过程"。这种理解和认识，就是要我们能深入整体思考，以单元整体教学的视角建构知识之间的内在联系，找准大概念、理清知识脉络、明确知识本质。[①]

例如：人民教育出版社小学数学五年级上册第六单元"多边形的面积"单元的教学。学校课程组首先基于课标、教参、教材明确了本单元要落实的核心素养是空间观念、推理能力和符号意识，并确定了本单元的知识本质，也就是大概念——度量。为更好地借助单元大概念落实核心素养，课程组分析了小学12册教材，如图4-5所示：二、三年级学生已经学过长度的度量，知道长度度量的本质是长度单位的叠加，一维空间观念建立；"多边形的面积"单元是在三年级学习了"面积"，知道了面积度量的本质是面积单位的叠加的基础上进行教学的，进一步发展二维空间观念；五年级还要学习"长方体和正方体"，体会体积度量的本质是体积单位的叠加，由二维空间上升到三维空间。

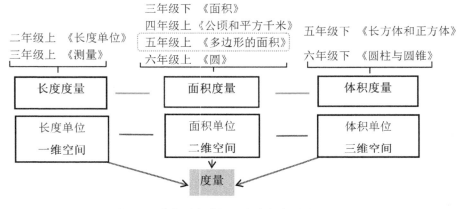

图4-5　学生"度量"思维进阶序列图

我们从度量的视角整体梳理知识结构，分析学生思维进阶序列，一是为了更好的把握学情，做到前勾后联；二是从知识本质方面引导学生

---

①杨秦飞、王秋月：《浅谈数学美——"思维美"》，《数学学习与研究》2016年第7期。

思考，关联旧知，建立联系，以度量和转化为主线，迁移类推出新知，在探索面积公式的过程中变动手操作为思维操作，打通知识间的内在联系，建构知识内在结构，形成知识网络，提升思维品质，让学生在解决问题的过程中感受数学思维美。

三、"美好课堂"的心灵之美

"美好课堂"的心灵美，主要体现在"阳光"课程的设置上，"阳光"课程主要包含体育、音乐、美术等学校自主开发的艺术类课程，阳光蕴含"生命"的力量，促进人生命的丰盈与成长。"阳光"课堂既是传递知识的课堂，同时也是内塑品格，滋养心灵，让学生心灵之花得以绽放的课堂。

"阳光"课堂上老师充分利用艺术的审美功能达到育人的目标，同时以活动为载体，注重发展学生个性，注重多门艺术学科的沟通与整合，努力打造以多门艺术学科为基础的综合类学习课堂，如，"阳光"课程ITC项目特色课程——"走进梨园"，以"戏曲文化"为主题，由形、韵、体三个版块组成，体现戏曲的"唱、念、做、打"四法，整合了美术、音乐、体育三个学科。在"走进梨园"项目特色课堂上通过对戏曲的脸谱、服饰、头饰等知识的探究赏析，感受戏曲中的美术作品的魅力；通过合作研讨、趣味创作等教学活动感受设计之美、享受制作之乐，创造出精彩的装饰美；通过多种形式对戏曲的种类、音色、地方特色的了解、学唱等促使学生在这些传统艺术的作品中产生心灵的共鸣，激发学生的想象力和创造力。

四、"美好课堂"的劳动之美

劳动创造美好，创新改变未来。"创新"课堂指科学、综合实践、劳动技术及科学、劳动、综合实践等多门学科融合探究学习的ITC项目特色课堂。"创新"课堂尊重学生的原创力，让学生充分发挥形象力，头脑风暴式的想象并通过亲身参与和实践探究、动手操作制作成品呈现结果，提升学生的科学思维能力、动手操作能力、创新能力的同时感悟劳动带来的喜悦和美的享受。例如"创新"课程的ITC项目特色课程——"纸艺"，课堂上学生通过研、创、展三个板块的学习，学会用探究的方法了解纸的世界，用"纸"创造美好。在"小熊摘蜂蜜""小熊运蜂蜜"的课堂教学中，学生通过小组合作研讨，创作设计用A4纸叠高成功帮小熊摘到高高挂在树上的蜂蜜，并用A4纸造桥，用A4纸制作纸绳帮小熊成功把蜂蜜运回了家。学生在反复探讨、设计、实验等课堂学习活动中感受用纸创作作品的魅力，学生在一次次的设计创作中放飞自己的灵感，用独特的思维、造型、细致的连接，快乐地投入有感情、有故事、有智慧的创作中去，享受劳动带给自己的惊喜与美。[①]

---

①郭云海：《核心素养导向的课程设计》，华东师范大学出版社，2019年。

第五章 "美好课程"评价体系
的建构与实施

课程评价对课程的实施起着重要的导向和质量监控作用。20世纪80年代以来，越来越多的国家在展开各项课程改革的同时，开始意识到实现课程变革的必要条件之一就是要建立与之相适应的评价体系和评价工作模式。因此，课程评价改革成为世界各国课程改革的重要组成部分。

第一节 课程评价的价值与意义

一、课程评价驱动力

（一）评价促进学生发展

随着信息时代的到来，原有的以传授知识为主的基础教育课程的功能受到了极大的挑战，转而注重培养学生积极的学习态度、创新意识和实践能力以及健康的身心品质等多方面的综合素质，为学生的终身发展奠定基础。于是，课程评价的功能也随之发生根本性转变。在学生评价方面，不只是检查学生知识、技能的掌握情况，还更为关注学生掌握知识、技能的过程与方法，以及与之相伴随的情感态度与价值观的形成。评价不再是为了选拔和甄别，不是"选拔适合教育的儿童"，而是发挥激励作用，促进学生的发展。从这个意义上来讲，评价是帮助教师"创造适合儿童的教育"。在教师评价方面，以往的教师评价主要是关注教师已有的工作业绩是否达标，同样体现出重检查、甄别、选拔、评优的功能，而在如何促进教师发展方面作用有限。教师是教育的实施者，承担着促进学生发展的任务，教师的素质及其发展同样应该成为课程评价改革的重要话题。因此，时代的发展向课程评价的功能提出挑战，评价不只是进行甄别、选拔，评价更重要的是为了促进被评价者的发展。这一点已在世界各国得到普遍认同。

（二）评价促进学习多元

关注结果的终结性评价，是面向"过去"的评价：关注过程的形成性评价，则是面向"未来"、重在发展的评价。传统的评价往往只要求学生提供问题的答案，而对于学生是如何获得这些答案的却漠不关心。只重视学习结束后的成绩，而忽视学习的过程，忽视成绩后面不同的动机取向和努力程度，忽视学习内在情意目标和态度的培养。因此，当代课程评价重心逐渐转向更多地关注学生求知的过程、探究的过程和努力的过程，关注学生、教师和学校在各个时期的进步状况。质性评价方法的发展为这种过程式的形成性评价提供了可能和条件。

二、课程评价产生价值的原因

（一）注重学生本位，关注学生全面发展

教育价值观决定着课程评价观，教育价值取向的转变也会带来课程评价理念与方式的更新。知识本位的教育价值观以对学科知识掌握度为衡量学生发展水平的唯一标准；社会本位的教育价值观要求学习结果指向为社会发展服务的目的；学生本位的教育价值观强调以学生经验为核心，关注学生个体的成长与发展。在强调关注学生核心素养发展的教育环境下，教育工作者应突破单一教育价值体系的束缚，树立多元融合的教育价值观，促进师生共同发展。

"美好课程"评价的实施将课程评价的重点从对学生学科成绩的关注引向更广泛的领域，通过对学生思想道德、艺术素养、身心健康、社会实践等多方面素质发展的考查，将学生个体全方位的成长与发展作为评价基准，对消除传统"以分取人"的教育痼疾具有重大意义。它反映了课程评价的价值取向由工具理性向价值理性的转变，由知识本位向学生本位的转变，这有利于扭转教育的应试导向，促进学生综合素质的全面发展。

（二）评价主体多元，明确各方主体责任

评价主体多元化是基础教育改革的基本诉求。"美好课程"评价要求教育工作者从全局出发，对学生的发展过程进行全方位考量。单一评价主体参与课程评价的形式，不利于发挥评价的发展性功能，不符合教育改革与发展的需求。"美好课程"评价要求构建教育行政部门、学校管理者、专家学者、教师、学生以及家长等多元利益主体共同参与、多视角、多维度课程评价活动的评价主体协作体系，这有利于克服课程评价管理主义倾向，营造民主、和谐的评价氛围，多角度、多层面审视学生发展状况，保障评价结果的客观、真实与全面。在此基础上，评价对象可以最大限度地接受、认可和利用反馈结果，并依据结果调节，促进自身的成长与进步。

同时，"美好课程"评价应该明确各评价主体的责任，提高综合素质评价的信度与效度。在"美好课程"评价程序中，学生作为评价的活动主体，应积极参与社会实践及文化活动，并完成实践活动记录。教师作为评价的参与主体，不仅要指导学生完成实践活动记录，也要客观描述学生的表现。

（三）评价方式注重过程性和发展性评价

过程性、发展性评价是一种动态的、生成的评价方式。"美好课程"评价从学生发展五大领域及二十个关键指标出发，构建"美好课程"评

价基本框架与体系，建立全方面的学生评价档案。"美好课程"评价并非直接判定学生发展等级的结果性评价，而是强调对学生发展过程的记录与总结、关注学生发展变化的评价方式。它要求将学生的发展过程作为衡量发展水平的尺度，以学生个体的成长发展作为评价基准。这种过程性评价不仅有利于教师了解学生综合素养发展状况，还有利于教师通过活动记录了解学生在发展过程中表现出来的能力、兴趣、情感、态度与价值观等。在"美好课程"评价改革的背景下，教育的根本目的是促进学生的全面发展，发展性的评价方式更加强调学生的进步程度和学校的努力程度，这有利于发挥评价的反馈调节功能，使教师充分把握教与学的过程全景，进而不断对自身的教学进行完善和调整。

（四）注重鉴赏性和导向性，淡化选拔性

鉴赏是对鉴赏对象的特质与细节进行感受、理解、欣赏与评判的过程，反映了对事物的质性认识。"美好课程"评价更加强调教师对学生日常表现的记录、分析，强调对"整体的人"进行描述、理解和解释，它的根本目的是促进学生的全面发展。同时，对学生的鉴赏性评价反映了教育发展的个性化取向，它尊重学生的个体差异，有利于挖掘学生的多方面潜在素质。

课程评价的导向性是指课程评价应面向评价对象的未来发展方向，调节与改善评价对象的现实状况，促进评价对象的发展与提升。"美好课程"评价的导向功能主要表现在价值导向方面，"美好课程"评价是对学生各方面素质发展情况的衡量，是对其是否满足社会主义现代化建设需要的价值判断，它必然会引导学生朝着社会和学生个体所需要的方向发展。"美好课程"评价是重视学生运用诸如社会实践、文化活动等多种形式表现自我的评价，能够根据学生的个性化发展需求和现实水平引导学生获得全方位、多方面的发展。

第二节 "美好课程"评价体系的建构

一、评价目标确定的依据

(一)社会需求

使每一位独具个性的学生在道德、体育、智力、美育、社会等方面得到充分发展,成为"睿智、博雅、创新、阳光"的汝河学子。

(二)家长期待

学校地处汝河居民区内,小区环境比较复杂,家长受教育程度与视野相对有限,因此家长对学校教育寄予了很高的期望,尤其是在全面培养学生的综合素质方面。

(三)学生需求

通过对学生的调查获悉,学校学生喜欢体能类、艺术类、思维类、生活技能类的课程。

学生们最希望学校将来开设的课程或者活动:在860名学生提到的课程或活动中,剔除无效答案并对课程和活动进行编码统计,将课程归纳为体能、艺术、生活技能、表达、阅读、思维共6类课程,其中括号内为学生提及频次较多的活动和课程,具体结果见图5-1。

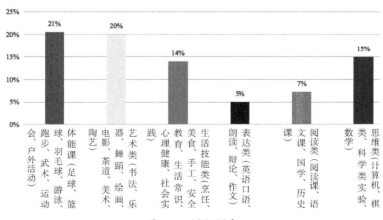

图5-1 课程调查

（四）学校育人理念

学校基于"美好教育"理念，构建和实施"美好课程"体系，在课堂中实施多路刺激教学，使课堂成为儿童积极主动发现知识的过程。让学生在实践探究过程中开发大脑，培养其成为既能创造美好、成就美好、实现美好愿景，又能品味美好、追寻美好、感悟美好生活的"美好之星"。

二、课程评价目标制定的基本原则

随着新一轮基础教育课程改革的推进，教师的教育观念、教学行为、教学方法、教学手段都面临着一场前所未有的大变革。在这个背景下，有关课堂教学评价的研究引起了越来越多人的重视，相继形成了风格各异的课堂教学评价标准。虽然这些评价标准的表述方式和指标体系各有不同，但纵观这些研究成果，从中可以感受到新课程理念给课堂教学评价带来的诸多变化。

（一）着力于学校特色发展

学校围绕"与美同行，向好而生"的办学理念，深化课堂教学模式改革，开展丰富多彩的课程活动，扎实推进教科研工作，以特色课程为主要抓手，旨在培养"睿智、博雅、阳光、创新"的"四优"美好学子，倾力提升学校教育品质。致力于构建精致化、人文化、现代化、国际化的美好校园，始终牢记"让成长因教育而美好"的教育使命，让学生品味美好，追寻美好，创造美好生活，为学生的美好人生奠基！将学校打造成为一所"美好教育"理念指导下的品牌名校，继续扩大区域辐射和影响范围。

（二）助力教师专业成长

评价是发展的前提，实践表明，通过构建发展性和激励性的评价指标体系，使教师明确既定的任务要求和相应的评价内容，引导教师激发自身发展的强烈内需,激励教师积极参与课改教改,提升教师在专业化发展进程中的学力和教能,能有效促进教师的专业化发展。教师的专业化就是要求教师更能胜任教育教学工作、具有普通人所不具备的那种专业素质。依据此要求,课堂教学评价要沿着促进教师专业化的方向发展。而对一个教师从职业的角度评价,其价值最主要的体现就是"学生的发展"。新课改背景下的教学评价应注重"以学生为主体"的思想和理念,对教师的专业道德、专业知识和专业技能等各方面的素质进行综合评定,从而促进其专业化发展。

(三)致力学生全面发展

课程面向全体学生,秉承"美好教育"的理念,学生通过丰富多彩的课程的学习,充分提升自己的综合素养,培养创新精神,锻炼动手能力。课程学习中鼓励学生充分发挥想象力,将自己所学知识真正运用到生活当中,达到学以致用,能够对周围事物保持浓烈的好奇心和求知欲,学会用探究的方法了解纸的世界,用"纸"创造美好。借助"OM"题目任务,提高学生的各项实践能力、劳动技能与思想道德素质。

三、跨学科课程评价方式及成效

一是由跨学科教研组牵头,邀请校内外专家对某一门跨学科课程的大纲进行研讨,进行多轮打磨。二是举办跨学科课程开发的经验分享会,邀请校内外在跨学科课程开发领域较为成熟的教师介绍经验。三是组成"重要同伴小组"团队,由对跨学科课程开发感兴趣的老师组成一个小组,分享自身的教学和学习感悟,探讨开发新的跨学科课程的可能。四是鼓励教师以学习者的身份参与跨学科课程的学习。参与学习的教师一方面以"学生"的视角了解学生的学习体验,另一方面以"教师"的视角分析别人的跨学科教学。

第三节　课程评价实施的策略与保障

一、关注课堂，以评促学提高学习效率

（一）教师理念更新的必要性

教师不断更新教育教学、学习观念，提高教育研修能力，才能不断推陈出新，优化课程设计。"美好课程"以培养、发展学生的兴趣和爱好，增强学生的自信心，发掘、发展其各方面潜能为目标，需要教师设计形式多样、灵活有趣的实践以及创新活动，课程中还要设置各种各样的情景，激发学生的学习兴趣，充分调动学生学习的积极性，让学生对"美好课程"充满浓厚的学习兴趣。

（二）教学氛围要有趣味性

教学氛围与学生的认知状态与认知能力息息相关。因此，教师在评价教学时要评价教学氛围的趣味性和人文性，考量教学氛围是否能够有效激发学生的生命活力、认知兴趣、求知动机和参与激情等主体状态。只有有效激发学生主体认知状态，营造核心素养发展的教学氛围，才算是科学合理的教学氛围。

（三）教学方式具有直观性

小学生受身心发展水平和认知能力的制约而以直观思维为主，难以实现高质量的抽象思维和逻辑思维。因此，在评价教学时，教师要注意观察学生的认知方式是否具有直观性和先进性，是否能够投其所好满足小学生的直观认知需求。教学方式只有最符合学生的认知"口味"并促进其核心素养的发展，才会有实效性。

（四）教学过程学生的主体性

教学过程是学生参与教学、展示才能、释放活力、塑造自我的主体

参与过程。教学过程就是学生的主体认知过程。在评价教学过程中,教师要注意主体性和实践性,观察学生是否拥有充足的话语权、参与权和主导权,要考量教学是否能使学生的主体参与和核心素养发展成为可能。

(五)教学效果应有实效性

教学效果是教师教学思想、教学设计、活动预设和过程管控等诸多教学活动的整合结果,也是诸多教学活动有效性的直接体现。因此,教师评价教学自然不能缺少对教学效果的重点观察和直接评价。实效性是一切教学活动有价值和可行性的直接表现,教师要以小学生的核心素养发展和快乐成长为重要评价尺度。

(六)教学关系保持融洽性

在评价课题教学过程中,教师不仅要看教学氛围的趣味性、教学过程的主体性、教学方式的直观性、教学效果的实效性,还要注意观察师生间的人际关系如何。良好的人际关系不仅是一种宝贵的教学资源,也是展示教师教育理念、教学方法和教学能力的闪光点。因此,教师要观察师生关系的融洽性,以此进行评价。

二、开展活动,全面提升学生综合素养

(一)开展真实性评价实践活动

1.学科特色评价

采用分层评价的方式,第一层注重基础知识和基本能力的检测,第二层注重发散性思维和创新能力的培养。例如,语文可以是字词的读音和书写的检测,也可以是故宫游览图、牛郎织女连环画等综合性学习的检测;数学可以是思维导图;英语可以是戏剧表演;体育学科利用任务驱动项目评价学生,注重孩子们体力锻炼和智力比拼;美术学科分学段设置评价内容,孩子们的选择多样,作品丰富多彩;音乐学科则从小组

合作能力、演唱、创编能力来评价孩子们。

采用创设情境，学生以游园的方式完成一个个游戏或任务完成评价，整个过程采用星级评价模式，采用学生自评、小组互评、家长和老师共同评价的方式进行。

例如：科学表现性评价通过抽题的形式，考查学生对不同天气、不同季节如何影响动植物和人类生活的知识掌握情况，提高了学生对生活中的科学的感知力和理解力，增强了孩子们探索自然的兴趣。

语文学科表现性评价创设了春暖、盛夏、秋收、冬藏四个情境，分别对应拼音我最行、词语对对碰、古诗我会背、口语交际小达人四个环节，不仅让学生们感受了四季的美妙，更让他们感受到了语文学习的乐趣。

2.过程性评价

根据学生在进行国家课程中习得的成果进行过程性评价，包括纸笔测试、现场观察、成果展示等以及学校大队部的"汝宝争章"活动。

3.表现性评价

采用创设情境，学生以游园的方式完成一个个游戏或任务完成评价。整个过程采用星级评价模式，采用学生自评，小组互评，家长和老师共同评价的方式进行。

4.学科学业成效

学科学业成效包括学期期末的纸质测评、科学的动手操作（实验步骤）、唱歌和小乐器的演奏。

5.技能特长发展

特色延时课程的开设，如书法的作品展示，OM课程的即兴题训练和长期题的表演，武术社团的武术操表演。

6.行为规范养成

一二三星级少先队员的评比、大队部向阳章、小主人章和劳动章的评比。

三、建立档案,保障评价有效实施

学校积极实施"四优"美好学子评选,围绕争做"美好学子"这一目标,通过"教育和教学"两条路径,设计"汝卡、汝章、汝宝"三个层级,围绕育人目标的四个方面进行评比(见图5-2)。一二三星级少先队员的评比、大队部向阳章、小主人章和劳动章的评比。每周一总结,每月一评比,每期一表彰,不断增强学生荣誉感,激发学生内驱力。

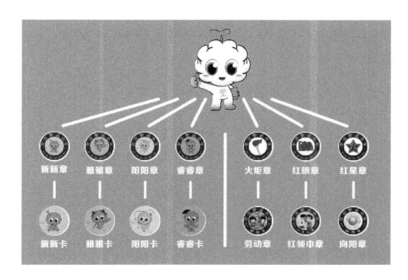

(一)加强课程规划的宣讲、解读

引导教师深刻理解课程整体育人功能,进一步明确学校课程建设目标、育人目标的定位,明确教师自身的努力方向和所需承担的课程建设任务。

(二)编制学校课程计划

每学年根据学校课程计划扎实落实课程目标,并在实施与实践中不断优化课程结构,统整课程内容,增强课程连接的紧密度。

（三）注重队伍建设

学校课程规划实施的主体是教师，未来几年，学校要通过校本培训、实践指导、教师相互间的经验交流、专家辅导讲座、教学沙龙活动等方式，加强教师团队建设，开发教师的多元智能，促进教师多元发展，不断提升教师的课程实施能力、课程执行力。

（四）建立课程管理的组织运行系统

开发和实施学校课程，既有决策问题，又有执行问题，必须明确和理顺两者关系，建立有效的组织网络，进行明确的职责分工，保障学校课程管理的顺利进行。校长、教学校长负责有关学校课程的决策问题；教导处主要负责执行问题；任课教师主要负责具体实施。

第六章　提升自身素养，争做美好教师

第一节　"四品"美好教师的定义

教师是学校教育的主要参与者，每天与学生相处的时间仅次于学生父母，有的甚至超过学生父母。教师的道德水平、知识水平、学习能力、审美水平、行为习惯等都会对学生产生潜移默化的影响。

在知识经济飞速发展的时代，教师仅有崇高的事业心、能恪守职责已经不够了，时代需要更加专业的教师。教师职业的专业化是社会发展的必然要求，也是教育发展的方向。现在，教师的工作已经发生了细微的变化，这种变化还将继续增大，并极大地提高了教育教学工作的复杂性和创造性。缺少教师的发展，缺少教师专业上的成长，教师的历史使命便难以完成。教师的发展是历史进步需求，也是信息时代的教育改革需求。教育改革包含各个方面，如教育体制的改革、课程的改革、教育观念的转变等。这些改革最终都会落在教师的身上。教师是连接教育理想与理想人才的纽带，教师的工作成为越来越高度复杂的创造性工作，成为具有独特性、不可替代性的专业化活动。

新形势下，处处体现着新思想、新观念、新创意，在课改面前，每一位教师都要重新学习。教学变成一种全新的挑战，要敢于挑战传统，挑战书本，挑战自我。教师在课堂上使用何种教学方法，如何践行以学生为本的理念，教育观念和教学水平能否达到课堂要求，自身储备的知识量能否满足学生的需要……都是教师面临的课题。教师迫切需要提高自身的业务水平，尤其是需要提高自身教学设计、备课上课的能力。

教师只有朝着专业化发展的方向努力，才能更好地实现职业价值。因此教师需要加强教法研究，创新教学模式，优化教学过程，努力实现教师专业化发展的需求。教师的每项教育活动都是持续不断发展的，不断超越自我是专业发展的必由之路。一些具有专业技能、专业情意的教师尤其希望自己能脱颖而出、独树一帜，形成自己独特风格，在自身专业发展的道路上越走越好。

基于以上原因，"美好课堂"体系必然关注教师素养这一重要因素，努力打造品格、品学、品位、品质的"四品"美好教师队伍。

第一，品格。热爱学生是教师职业道德的灵魂，为人师表是教师职业道德的升华。教师品格影响着学生个性的发展，具有良好品格的教师是学生人生成长的领航者，启迪者。唯有优良品格的教师才会启动创设鲜活快乐的课堂氛围，有目标地提高课堂教学实效。

第二，品学。新课程要求教师做一名科研型教师。从事教育科研的主要目的是解决实践中的问题以提高自身的素质及学生的整体水平，所以教科研型教师应当是新观念、新知识和新技术的源泉，这就需要教师能力不断自我完善与提升，从教师身份转变为探究性的学生身份，在专业领域以学为终身成就的途径。

第三，品位。做教师，一定要有自己独特气质和风格，有独有的品格和兴趣。教师是先进文化知识传播者，一名优秀教师必须有精深的专业知识和丰富的文化知识，只有这样，教师才能以渊博的知识培养引导人，才能在生活教学中追求美、创造美，更好地培养学生对美好生活的追求。

第四，品质。教师是教育发展的第一资源，是教育发展的关键所在。那么，教师的水平就决定着教育的走向及其品质。而衡量教师水平，很大程度上看教师的专业发展。教师的专业发展，不仅可以成就教师的地位与尊严，更可以促进教育品质的提升和教育生活的幸福完整，教师品质的最终归宿是教师自我的完善和提高。

首先，教师应具有较高的道德水平及职业道德素养，在道德和行为方面都成为人们学习的榜样和典范。对于学生而言，往往身教胜于言传，说再多理论、讲再多道理，都不如教师实实在在地做出来，只有这样学生才能心服口服，并跟随教师的脚步前进。举个简单的例子，假如教师要求学生爱护校园环境卫生，如果学生不经意间看到一位老师随手往校园扔废纸，他的心里会怎么想呢？反之，如果学生经常看到教师走在校园里随手捡起纸片扔进垃圾桶，相信不用老师多说，学生也会照做的。另外，较高的师德还表现在热爱学生、热爱教育事业上。教师对学生的爱，不仅体现在学习方面，还体现在对学生思想、身体、生活、能力等全方面关心上，想学生之所想，急学生之所急，并愿意为学生的成长贡献自己毕生的精力。

其次，教师还应具有扎实、深厚的学科专业知识，熟悉学科的基本结构和各部分之间的内在联系，了解学科的发展动向和最新的研究成果。只有教师掌握了大大超出教材内容的知识，才能透彻地理解教材、灵活地运用教材、精准地教授教材。虽然小学教学内容较为浅显，但小学教师也不能降低对自己的要求。因为基础知识与高深知识有着密切的联系，教师只有深入掌握，才能把握知识之间的联系，帮助学生打好基础。同时，教师还应具备一定的科研能力。一线教师往往具备很多实践教学经验，如何管理班级、如何突破难点、如何组织教学等，把这些经验进行分析、整理，汇总成方便实施并能供人借鉴的文字性资料，也是当今教师所必备的素养之一。教师只有具备研究性思维、研究性能力，才能使实践与理论互相结合、互相转化，共同服务于教育事业。

再次，教师应具有较为广博的文化素养。因为各门学科的知识都是相互联系的，数理化等自然科学与文史地等社会科学之间，并不是对立存在的。教师所面对的对象，是求知欲强、兴趣广泛的少年儿童，他们对古往今来、天文地理、凡所能见的都有强烈的好奇心。在获取信息渠道日渐丰富的现在，教师在传授学科知识的同时，还要不断地获取更广博的知识，才能满足学生的需求。试想学生在数学课上，听到数学家刻苦钻研的励志故事；在学习英文语法时，听到当地的风土人情；欣赏名家画作时，听到画家的奇闻逸事，一定能调动学生的学习兴趣，加强记忆。这样的学生是幸福的学生，这样的课堂是幸福的课堂，能成为这样的教师也是幸福的教师。虽然教师不可能面面俱到、什么都懂，但广泛汲取各类知识，形成较为完备的知识体系还是很有必要的。

最后，教师还应具有较高的教育专业素养。是否具有高尚的师德、广博的知识就能成为优秀的教师呢？答案是否定的。因为想要有效地把知识教授给学生，还要懂得基本的教育教学规律和方法，以及把教育理论转变成教学实践的能力。包括了解学生的能力、处理教材的能力、选择运用教学方法的能力、组织管理能力、语言表达能力等，以及相应的教育机智。

第二节　夯实党建工作，打造品格教师

一、关注意识形态，提升政治素养

为丰富党史学习教育内容，引导教师自觉接受精神洗礼、陶冶道德情操，从中汲取信仰、信念、信心的强大力量。组织全体教师集中观看主旋律影片《长津湖》，共同缅怀先烈、重温历史，深刻感悟伟大抗美援朝精神。三个小时的放映过程中，老师们一次次被志愿军战士不怕牺牲、顽强战斗的精神所感动，当看到那一个个被冻僵的士兵端着步枪趴在雪地上忍受着零下四十多度的严寒天气甘愿化成冰雕也丝毫不愿退缩时，老师们泪流满面。正如电影中美军首领所说："面对如此有决心的敌人，我们永远无法打败他们。"历史川流不息，精神代代相传，观影结束后，大家手里攥着长津湖家书久久矗立，默默地感受着这段历史的厚重。老师们纷纷表示：要倍加珍惜今天来之不易的和平时代，不忘初心、

牢记使命，发扬抗美援朝精神，发挥党员先锋作用，勇挑重担、砥砺前行，自觉担当起新时代赋予党员的使命，以昂扬奋发的姿态投入今后的工作和生活中去。

风雨兼程百年路，不忘初心再出发。学校召开全体教师会，深入学习贯彻党的十九届六中全会精神。学校党支部从党的十九届六中全会召开背景、会议的重要意义、会议议程、会议看点、为何要总结党的百年奋斗的重大成就和历史经验等五个方面，带领老师们全面了解了这次盛会。

学校强调，党的十九届六中全会公报总结历史、把握当下、展望未来，是以史为鉴、开创未来、实现中华民族伟大复兴的宣言书、动员令。我们要把学习好、宣传好、落实好党的十九届六中全会精神作为当前首要政治任务，从党的光辉历史中汲取砥砺奋进的精神力量，深化党史学习教育，以守好"红色根脉"的政治自觉，切实把会议精神落实好。深入推进"立德树人"贯穿于学生培养的各个方面，以"美好教育"实践推动品质教育建设，全面提升师生的获得感、幸福感。紧扣教育高质量发展目标，潜心研究新时代做好教育工作的新思路、新举措，有力有序推进我校教育教学工作再上新台阶。

老师们纷纷表示，今后将继续深入学习贯彻六中全会精神，不忘教书育人初心，牢记立德树人使命，以强烈的事业心和责任感，担当历史责任，担当岗位职责，为实现第二个百年奋斗目标贡献力量，以优异成绩迎接党的二十大胜利召开。

为庆祝中国共产党成立101周年，重温党的光辉历史，讴歌党的丰功伟绩，教育全体教师继承和发扬党的光荣传统和优良作风，激发大家忠诚履职、爱岗敬业的责任感和使命感，进一步凝心聚力、振奋精神，6月22日，中原区汝河新区小学党支部举行"奋进新征程，建功新时代"迎"七一"主题活动。老师们结合自己的工作实际，深情讴歌党的丰功伟绩，抒发爱党爱国的真挚情怀。

二、把握思想导向，树立良好师风

学校是培养人才的摇篮，良好的师德师风是培养优秀人才的基础。为了大力加强师德师风建设，不断巩固师德建设成果，提高社会对学校教育工作的满意度。定期开展师德学习、培训，认真学习教育法、教师法、未成年人保护法等法律法规，重温各级各类教育教学管理制度。教育法律法规的学习，作为教师事业发展的重要基础，已经深深地扎入了教职工的心底；依法从教，已成为教职工的共识和共同行为。教师定期学习进一步更新了教育理念，提高了依法治教、以德治教的认识，能够以饱满的姿态积极投身于基础教育改革与发展之中。

此外，学校邀请河南青年报刊社原总编辑、"豫青少年"融媒体平台总编辑、雷锋杂志社河南工作部宣传部部长朱晓健老师在学校报告厅举行《永远的青春　永久的榜样　永恒的精神》报告会，讲述"不一样的"雷锋故事。宣讲围绕雷锋的人生轨迹、雷锋精神的内涵以及如何学雷锋见行动等，进行了生动有趣的分享。朱老师用生"龙"活"虎"、两"望"和四个"8"等关键词，形象概括了雷锋的生平；用创造两项吉尼斯世界纪录、创三项全国第一，彰显了雷锋对后世的影响。通过本次雷锋精神主题宣讲活动，教师们对新时代雷锋精神有了新的认识和理解，立志在今后的生活工作中发扬雷锋精神，传承红色基因，以自己微小的力量为世界奉献温暖。

第三节　聚焦课程建设，成就品学教师

一、专项阅读，夯实理论基础

阅读书籍可以跨越时空与智者对话，阅读书籍可以窥探人类思想的高峰，阅读书籍可以锻炼人们的思维。教师只有不断地通过阅读来学习，才能使自身不与时代脱节，才能不断完善自身的专业知识结构并提升自身的知识素养。

教师善于读书，不仅因为这是一个人的综合素养，更因为这是每一个教育人的职业使命：要求教师必须做一个爱读书、善读书的人，从而引领学生有积极阅读的心态和动力。我们的教育应该先有爱读书的教师，才能培养出爱读书的学生；先有好读书的学校，才能带动爱读书的家庭、爱读书的好社会。打造一所书香校园，每一位教师不仅要是爱读书的参与者、支持者，更应该是阅读的发动者、引领者、推动者。这样我们的阅读才会深刻而持久，我们的教师才会是一个真正爱好读书的人。

为了营造浓厚的阅读氛围，学校专门设置了图书室、阅览室，购置了大量各类书籍，供师生阅读。有教育类的《如何做最好的老师》《做一个有思想的教师》《第56号教室的奇迹》《教师最需要什么》等，专业成长类的《书语者》《手把手教你做科研》《重构作业》《单元教学设计指南》等，文学名著类《瓦尔登湖》《巴黎圣母院》《我与地坛》《呐喊》等，儿童读物《团圆》《南瓜汤》《十万个为什么》《稻草人》《中国古代寓言》《鲁滨孙漂流记》等。在窗明几净的环境中，学生、教师都能静下心来阅读，在书籍中汲取知识的养料，不断提升自己。学校定期开展丰富多彩的阅读活动，如阅读打卡、撰写读书心得、读书交流分享会等。部分教师刚开始只是为了完成任务，后来逐渐从阅读中感受到了快乐，进而影响身边的亲人朋友，带动自己的学生、家长。长期参与其中的老师们，自身素质都得到了提升。

二、专项研讨，确立特色模式

教师要"从细节处跳出来"，变"课程的执行者"为"课程的创生者和开发者"；要关注学科交织部分，注重学科整合，努力做到以"美好课程"理念为主桥梁的融会贯通；要充分发挥学校特色，结合学校已有的文化积淀和师资特点，建设"任务驱动式"情境课堂；以趣味性活动为主导，注重学生实践体验，加快课程建设的推进力度。

长期以来，学校开展了丰富多彩的课程，除国家课程、地方课程外，老师们结合自身特长，设计并开展了丰富多彩的校本课程。其中"纸与指的艺术""木艺坊""美食美客""玩转空竹""花样跳绳"等，还多次获得各级校本课程优秀奖项。

在华南师范大学左璜教授的指导下，学校创建课程建设微团队，开展以核心素养为本的郑州市中原区课程体系建设与学校整体变革创新实验项目。积极创设睿智、博雅、阳光、创新四大课程及十余门小课程。如，"诗情画意""戏说动画""'绘'行天下""走进梨园""森林乐园"等课程，深受学生喜爱。

课程建设微团队定期聚焦学校课程建设，开展"推进美好课程建设编制学生美好未来"主题汇报研讨会。各课程负责人展示项目必修课程建设的全貌，了解实施过程中课时划分、资源配置等实际问题，为下一步课程建设明确了方向，促进学校"美好教育"特色课程体系进一步完善，推进课堂形态的落实与实施。

三、研课磨课，提升专业素养

教学是教师的工作重心，教学能力是教师能力的重中之重。教师教学能力的提高除了依托深厚的理论基础，更离不开实际应用的能力。否则，再多再好的理论知识无法转化为实践，都将只是一纸空文。为全面提升教师的教学能力，学校必须扎扎实实开展学科教研，坚持每周教研组内集体教研，间周校内学科教研。在主题教研中，提升教师教学水平。

教学中的重难点一直是学生学习道路上的拦路虎，如何帮助学生突破是教学的关键。为此，除了在教研中研讨，学校还专门邀请专家到校给师生们指导、引领。例如，语文课堂中的习作教学，是从老师到学生，甚至家长都头疼的老大难问题，为了解决这一难题，学校邀请河南省特级教师贾丽娟进行作文教学展示。贾老师以"分解关键动作，捕捉变化细节"为主题，展开了一堂别开生面、润物无声的习作教学。课后研讨中，贾老师通过分享自己的习作教学案例，让语文教师明白最好的教育，往往来自经历和体验，要引导学生利用课堂上的"知"在生活中广泛应用，做到在用中学，在学中做。

第四节 活动精彩纷呈，促成品位教师

一、多彩文体活动，保证身心健康

为保证教师身心健康，学校开展各式各类文体活动，如在学生放学离校后开展简单易操作的拔河比赛，释放了身心压力，也增强了团队凝聚力，给教师们以后的工作鼓足了干劲。同时，也让大家感受到心往一处想、劲儿往一处使的浓厚氛围。这样的活动既锻炼了身体，又愉悦了心情。

为帮助教师做好心理调适，缓解心理压力，学会梳理情绪，树立阳光心态，提高心理健康水平，学校开展丰富多样的心理活动，如，压力气球、压力图画、人生故事、挑战自我、肌肉放松训练等多样性的活动，让教师们在愉悦的学习氛围中感受着自我，释放着压力，掌握科学、积极地看待压力、应对压力，找到有效释放压力的方法和途径。教师们伴随着舒缓的音乐，远离外界的喧嚣，放松减压，宁静身心。在今后的工作中，时刻保持阳光的心态，更加健康、快乐地面对工作和生活，做一名真正的幸福教师。

二、丰富文娱活动，提升文艺素养

一支粉笔书不尽瀚墨情深，蕴藏着润物无声的师者风范，那些带有独特神韵的粉笔字，将伴着学生走过春夏秋冬，四季轮回。学校定期举行教师粉笔字大赛，展示教师良好的职业素养和扎实的教学基本功。比赛过程中，老师们全情投入、神情专注，小小粉笔挥洒自如，点横撇捺，一笔一画，书写着大家对教学的理解，对教育的热爱。粉笔在黑板上跳跃，发出沙沙声，留下了一幅幅精美的作品。老师们的作品，不仅书写潇洒飘逸，配图更是赏心悦目。远远望去，四面苍峰翠岳、粉桃竞相开放、绿柳迎风飘扬，淡黄色的嫩叶眨着眼睛。配图与此时的春光交相辉映，真是"迟日江山丽，春风花草香。"

组织红色经典诵读展演，《青春中国》《燃灯校长张桂梅》《中华颂》……一个个感人至深的故事、一段段镌刻着历史的红色经典，教师们声情并茂地朗诵，或慷慨激昂，或低声悲戚，用情感传递力量，在经典中探寻红色初心，在诵读中汲取奋进力量。

冬至不仅是重要的节气，还是古老的节日和宝贵的非物质文化遗产。古人认为，冬至过后，阳气上升，十分吉祥，值得庆贺，民间素有"冬至大如年""肥冬瘦年"之说。为弘扬中华传统文化，传承传统民俗，增强冬至的美好仪式感，让大家过一个快乐而温馨的节日，教师餐厅提前预备好饺子馅儿、饺子皮、面粉、托盘、口罩等。上完课的老师们陆续来到教师餐厅，清洁双手，戴上口罩，分好馅儿，擀上皮儿，三五成组，纷纷开始展露包饺子的绝技。活动现场暖流滚滚，其乐融融。在老师们的共同努力下，一会儿就包了很多饺子，虽然形态各异，但每个都有特点，场面甚是精彩。

第五节　专项发展计划，催生品质教师

一、个性化教师培养

走进名师课堂，一睹名家风采，现场观摩学习，感受名校风采、聆听大师教诲，是每位教师的心愿。一所名校的校风校貌足以影响进入其中的每一个人；一位大师的胸怀气质足以感染与之接触的每一个人；一堂观摩课，教师亲切的话语、精巧的设计，足以深深震撼聆听者的心灵。那只可意会，不可言传的感受，只有亲身经历，才能真切地融入人的心灵，激励每一位教师在今后的教学生涯中，不断努力成长为更优秀的人。

为开阔教师视野，借鉴优秀教师的教育经验，用理论知识解决教育实践中出现的问题，近年来学校积极组织教师赴名校参观学习，参加全国性教育培训活动。包括班主任综合能力提升；信息技术教师应用能力提升；思政、英语、综实；劳动教师专题研修；宣传思想工作培训；安全专干素质能力提升研修；骨干教师培训；新任教师综合能力提升等多方面培训，全校近三分之二的教师到河南师范大学、信阳师范学院等高校进修培训，近距离感受名家风范，体验名校人文。

学校积极与各大网络培训平台沟通对接，先后组织过中小学教师信息技术应用能力提升培训、基于学业目标设计表现评价任务、蒲公英大学中小学教师核心能力通识课程等，从知识储备、专业素养、教学能力、信息技术能力等方面，助力教师成长。

发展必须主动，成长不可替代。为认真贯彻落实教育部"双减"政策，优化作业设计，切实减轻学生的课业负担，有效提高课堂效率，同时强化教师们钻研教材、设计作业的能力，提升教师专业素养，学校举办"美好课堂"作业设计风采大赛。老师们以作业设计评比为契机，以"教—学—评"一致性课堂改革为突破口，以优化作业设计为抓手，继续思考，继续钻研，继续探究"双减"背景下减负增效的有效路径，促进教育教学向更优质，更高效迈进。

二、不同层次教师培养

为提高青年教师的教育教学水平，促进青年教师更好、更快地成长，弘扬"传、帮、带"精神，实现教师队伍水平的整体提高，学校持续开展"青蓝工程"师徒结对活动。"青蓝工程"是学校加快青年教师专业成长的一个重要途径，近几年来，通过"青蓝工程"的实施，年轻老师在师傅的精心指点和个人努力下取得很大进步。

为持续落实"双减"工作，促进教师专业素养提升，夯实青年教师驾驭课堂的能力，学校举行新上岗教师"美好课堂"汇报展示活动。天气微凉，但新教师钻研课堂的热情丝毫未减，全校教师参与观摩研讨，为青年教师成长助力。说课、评课、议课，回顾组内磨课的历程，总结汇报课的收获。一条条衷心的建议、一句句真挚的话语滋润着青年教师的心灵，为他们的成长增添动力。青年教师展示了齐头并进，积极钻研，努力上进的良好风貌，传承和发扬了学校对"美好课堂"不懈追求的态度和精神。

为提升青年教师的教学、教研能力，夯实教学基本功，按照党史学习教育要求，结合学校"美好课堂"教学形态，每学年开展师徒汇报课暨美好课堂形态研讨活动。汇报前，徒弟们在各位师傅的精心指导下，深入钻研教材，了解学情，结合学校"美好课堂"教学形态，精心设计教法、学法，并多次磨课，不断修改教案和课件，确保课程内容完整充实，课程设计扎实生动。青年教师的成长直接影响着一所学校的发展。青年教师汇报活动，处处闪现着智慧，处处绽放着光芒，既体现了师傅帮助徒弟的用心尽心，也展示了徒弟学习的热心与虚心。

第七章　美好课程建设成效

当前，以人为本的教育理念正在逐步深化，素质教育以及基础教育课程改革不断推进。汝河新区小学根据中原区"品质教育"的发展理念和"守中归原"的教育哲学，围绕"与美同行、向好而生"的办学理念，全面贯彻党的教育方针，落实立德树人根本任务，基于学生发展核心素养的教育改革理念，着力转变观念、守正创新。在左璜教授团队的引领下，在中原区教育局的大力支持下，书写了汝河课程改革的华美蝶变。

第一节　实践探究，争做"美好之星"

美好教育以培养富有爱心、懂得责任、乐学善思、全面发展的品质学生为己任，把培养孩子们感受美好、珍惜美好、传递美好的能力贯穿于整个教育过程。

关注个体、关注生命、关注学生人格发展，是汝河新区小学的教育情怀。在健全人格的基础上，促进学生的全面发展，让个体生命的潜能得到自由、充分、全面、和谐、持续发展。让学生在实践探究过程中开发大脑，培养其成为既能创造美好、成就美好，实现美好愿景；又能品味美好、追寻美好、感悟美好生活的"美好之星"。

一、强国有我，争章鼓舞斗志

围绕校园文化建设，积极开展各类主题教育，使学生学会做人，学会求知，学会生活，学会劳动，努力培养举止文明、品德优良的时代新人。

"双减"背景下，学生的学习方式、作业方式、生活方式都发生着巨大变化。学校积极实施睿智、博雅、阳光、创新"四优"美好学子评选，从一个目标，两条路径，三个层级，四个方面（一个目标，与美同行、向好而生；两条路径，德育和教育；三个层次，汝卡、汝章、汝宝；四个方面，博雅、睿智、阳光、创新）设计了美好学子激励机制争章活动（见图7-1），每周一总结，每月一评比，每期一表彰，不断增强学生光荣感，激发学生内驱力。2020年度至2022年度连续三年"四优"美好学子均由中原区委宣传部的领导和校领导为孩子们颁发学校精心设计的奖杯、奖品，增强了少先队员的光荣感，展现学校少先队员朝气蓬勃、积极进取的精神风貌，以榜样的力量激励广大少先队员积极投入争章活动，此项活动充分发挥了导向和激励的作用。

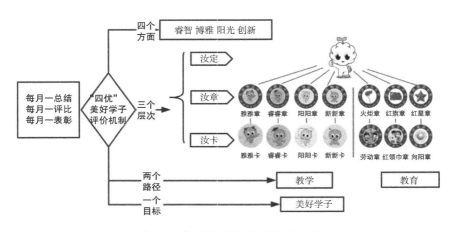

图7-1 "四优"美好学子评价机制

二、美好课程，实施多维路径

课程作为教育品牌价值实现的重要途径，承载着国家、社会和学校对人才培养的要求。学校课程建设团队围绕美好教育品牌，对学校课程现状、学生需求进行调查分析，以脑科学理论为指导，明晰了"科学用脑　成就美好"的课程理念，确立了"让学生品味美好，追寻美好，创造美好生活，为美好人生奠基"的课程目标。从抽象脑、学术脑、艺术脑、创造脑四个方面构建"美好课程"体系，积极探索课程的实施途径与评价方式。通过多维度的实施与多元评价把学生、教师、学校发展有机结合起来，谋求三者和谐、优质、共赢发展。

（一）制定课程"双表"，支撑课程有序运行

除国家课程外，由于学校自主开发的课程内容不同，课程实施的年级、时段、课时数和途径都会有所不同，项目组设计了"课程实施细目表"，在细目表的基础上，教导处设计了"课程实施序列表"，在上课时间安排、实施年级进行总体布局，方便课程实施的日常管理和协调。

（二）丰富课程设置，助推学生多元发展

在国家课程和地方课程的基础上，学校凝聚特色，强调整合，设计与开发了ITC项目特色课程。为了尊重个体差异，满足学生个性发展需要，除校本课程外还开设了拓展课程，学生自主选择，打破年级界限，走班学习，培养兴趣。结合学校与汝河一幼、汝河二幼、42中在同一小区的优势，为帮助学生实现阶段性自然过渡，开设了幼升小，小升初衔接课程。学校为突出德育课程建设，专门建立了党史、团史、队史一体化长廊，对学生进行爱国、爱党教育。除此之外，学校对每学年德育课程进行整体的设计与构建，每月一个德育主题，组织相应的学生活动，突出活动、实践、体验、探索性等学习方式。

1.美好特色课程，构筑童年美好时光

在国家课程和地方课程的基础上，学校开设了美好特色课程，教师团队根据学生特点，结合老师自身特长，挖掘整合校内教育资源，确定了睿智、博雅、阳光、创新共四大类三十余门的"美好特色课程"。美好特色课程遵循孩子心灵发展的需求，内容自由多样、生趣十足，课程开发教师面向全体学生进行课程推介，学生打破年级界限，自主选择，走班学习。每天下午放学后，操场上，足球、武术、空竹、轮滑等课程学生身姿矫健；音乐教室里，回荡着葫芦丝、非洲鼓的动听旋律；创客教室里，OM、花样编发、桥牌的学生尽情编织着自己的梦想；美术教室里，书法课程挥毫泼墨，手工课程色彩缤纷……

2.ITC项目特色课程，跨越学科提升素养

ITC项目特色课程突破封闭式、以知识传授为主旨的课程文化局限，给予课程如百花园般开放、多元、唯美的视野，让课程成为孩子们探求未知世界的美好乐园。"诗情画意""'绘'行天下""走进梨园""森林乐园"等跨学科课程以大情境、大问题驱动学生阅读、学习、实践，引导学生将所学知识与真实生活情境连接起来，孩子们在老师的带领下蓬勃生长，自由绽放。

在ITC项目特色课程开发中，老师们不断创新，以"五育"并举。"五育"融合的育人模式促进学生全面而个性地发展。老师给同学们展示自我的空间，评价反馈和质疑的机会充分发挥了课堂中的活力，真正把课堂、把自主、把兴趣、还给学生，让他们在课堂上不断探求，提高自己，使他们的学习生活和身心发展充满快乐和幸福。

图7-2　"ITC项目特色课程"图谱

3.精彩活动，展现美好教育风采

学校采用多种途径，开展丰富多彩的学生活动。植树节守绿护绿，创造赏心悦目的"温馨家园"；清明节网上祭英烈，不忘革命先辈的光荣传统。返校后，结合重要节日、纪念日，进行相对应的主题活动。利用冬至、腊八、春节、元宵节等传统节日，开展丰富多彩的实践性活动，让师生们在动手实践中感受中华传统文化的魅力，增强了发现美、欣赏美、创造美的意识，在实践锻炼中增强责任意识和担当精神，在欢乐时光中爱上"中国味儿"。

"红领巾跳蚤市场"，提升学生实践能力；元旦慈善义演，关爱老人，温暖冬天；民乐进校园、"我为文明代言"、慈善义卖、少代会等丰富多彩的活动，培养学生践行社会主义核心价值观，帮助学生扣好人生第一粒扣子。组织口算比赛、合唱比赛、诵读比赛等学科活动；持续开展"OM亲子嘉年华"、阳光大课间、足球节、校本课程展示等常规活动。充分体现了素质教育的全体性、全面性和学生发展的主动性。《郑州日报》、河南广播电视台、学习强国河南平台先后对系列特色活动进行报道。

4.强健体魄，栉风沐雨向阳生长

学校深入贯彻落实教育部"五项管理"要求，让每一个孩子拥有阳光心态和良好身体素质。凝聚各方合力，采取多项措施，切实加强学生睡眠管理。

为了增强学生体质，着力保障学生每天一小时体育活动时间，张帆副书记、陈丽红副校长带领体育组和音乐组的老师多次进行教研、选择学生喜闻乐见的音乐、形式；苏硕老师利用课余时间自编自创的韵律操青春动感、活力四射，引起了学生的浓厚兴趣；体育组老师和各班正副班主任老师坚持每天带领学生进行队形、体能训练，一套形式新颖、深受学生喜爱的阳光大课间已经初现雏形。

5.启智润心，特色课程丰富多彩

"双减"政策实施以来，学校为扎实做好课后服务工作，把"优化课后服务"作为"我为群众办实事"实践活动的重点内容，带领全体教师挖掘整合校内教育资源，为学生提供特色课后服务。

设计开发了睿智、博雅、阳光、创新共四大类三十余门"特色美好课程"，面向全体学生进行课程推介，学生线上选课，走班学习。每天下午放学后，操场上，轮滑、足球、武术、空竹等课程，学生身姿矫健；音乐教室里，回荡着葫芦丝、非洲鼓的动听旋律；创客教室里OM、花样编发、桥牌的学生尽情编织着自己的梦想；美术教室里，墨香四溢，手工课程色彩缤纷……多彩的课程让孩子们增强体质、释放天性、发展特长，提升素养。

劳动实践教育是我校一条常抓不懈的主题，学校大队部组织开展了"卫生清洁先行"劳动实践教育活动、"红领巾爱劳动 争做劳动小标兵"五一劳动节主题活动、"爱劳动 会生活"等系列活动，通过劳动实践教育让队员们体验劳动的乐趣、享受劳动的快乐、增长劳动的智慧、收获劳动的成果。

三、实践创新，收获累累硕果

汝河新区小学既重视基础学科的教育，又重视艺术特长的培养，创办了美好特色课程，为每位学生的个性化发展提供了良好的契机和针对性教育，取得了令人瞩目的成绩，赢得了学生、家长及社会的一致好评。

2021年5月底，在由河南省教育厅主办的河南省2021年度"华光杯"中小学生第五届赢墩与迷你桥牌比赛中，汝河新区小学与来自全省各地市二十三所学校的四十一支队伍同台竞技，经过一天的激烈角逐，喜获小学组女子第一名、男子第三名的好成绩。2022年6月，由河南省教育厅主办的河南省第六届中小学赢墩与迷你桥牌比赛，中原区汝河新区小学桥牌队喜获小学男子组第一名、小学女子组第一名的好成绩。

OM社团几位老师带领参赛团队的孩子们牺牲休息时间，加班加点紧张备战。排练剧本、制作道具、训练即兴题、录制视频，最终在省赛中顺利出线，进军全国总决赛。

啦啦操是一项集体操、舞蹈、音乐和健身为一体的运动。它不仅有利于提高学生的艺术素养，也丰富了校园文化生活。2021年1月8日，由郑州市教育局主办的"郑州市中小学迎新年操舞类项目线上展演活动"拉开帷幕。经过激烈的线上角逐，我校啦啦操社团喜获小学乙组二等奖。

2021年我校积极组织学生参加中原区小学信息素养大赛和中原区小学创意编程大赛，获区一等奖三人，二等奖二人。

2021年在郑州市第八届教育艺术节版画、油画和其他画种项目比赛中，荣获小学组三等奖。

"蓬生于麻，不扶而直"，在汝河新区小学这片沃土上，孩子们茁壮成长为睿智、博雅、阳光、创新的"四优"美好学子。每位汝小学子都将具有良好的身心质素、兴趣广博、热爱科学、敢于突破创新。

第二节　突破创新，成就美好教师

百年大计，教育为本。教育发展，教师是关键，是打造中华民族"梦之队"的筑梦人。开展美好教育以来，有效提高了教师的幸福指数和职业认同感。让学校的每一位教师感受到工作的美好，从中体验到快乐，从而更大限度地激发教师工作的积极性和主动性，让教师们能在美好课堂中发挥出自己的智慧和潜能。

美国著名心理学家马斯洛的需求层次理论中有提到自我实现的需要是最高层次的需要，自我实现的需要是在努力实现自己的潜力，使自己越来越成为自己所期望的人物。学校为教师尽可能地提供展示舞台，创造机会，让每一位教师都有机会体会到自我价值实现时的快乐和幸福。

汝河新区小学的教师团队无疑是团结、高效的，学校拥有一个组织健全，运转高效的领导班子，班子有很强的凝聚力、战斗力、执行力，交流沟通畅通，工作效率高。每位成员都有很强的业务能力，并能与教师做有效沟通，起到示范引领的作用。

近年来，学校认真组织教师学习先进的教育思想和教育理论，明确了"品格、品学、品位、品质"的四"品"美好教师行为准则，要求教师以素质树形象，以作为换地位，以业绩显才华，以特色求发展。

一、学术引领，全面提升教师素养

学校成立了美好教师发展中心，隔周开展教师素养提升培训：省市名师引领助航、新教师成长工程、美文诵读大讲堂、读书分享会、粉笔字大赛、教师发展论坛、双师课堂实战演练等全方位提升教师综合素养，河南省作业设计一等奖、市重点课题一等奖、市教师素养大赛一等奖、市命题说题一等奖等荣誉，印证着老师们的成长。

二、创新教学，构建美好课堂形态

实现"美好教育"的重要路径是科学开展高效教学，需要学习者左右脑思维充分结合来进行学习，需要多路刺激，需要连贯影响，还需要持续应用实践，因此学校在左璜教授的指导下，确定了基于脑科学的"美好课堂"形态，主要包含四大环节：生活情境—多路刺激—精深练习—任务实践。提出"美好课堂"形态之后，我们研讨确定了"美好课堂"各科的评价标准，通过日常推门听课，举行各种汇报课及"美好课堂"形态研讨活动等多种方式推进"美好课堂"形态的落地。

为更有效推进课程实施，教师需要给学生提供一定的学习支架，国家课程鼓励教师研讨、设计教学评价量表；ITC项目特色课程，团队开发设计了课程活动手册，以大情景、大问题驱动学生阅读、学习、实践和创新。

一系列校本教研活动丰富了教师的理论知识，在交流碰撞、实践研讨中促进教师更新教育教学观念，树立单元整体教学意识，提升课堂教学质量，减负增质，落实学科核心素养。在校本课程的研发过程中，教师教育观点，教育理念得到进一步完善，能从自己设计教案到归纳整理出自编的教材这一过程，提高了教师的个人综合素质。而且把教师个人的特长融入教学中，寓教于乐，提升职业幸福感，师生共同成长。

三、薪火相传，青蓝工程微光璀璨

为充分发挥骨干、优秀教师示范、引领作用，促进青年教师专业成长，进一步打造学校优质教师团队。学校举办青年教师发展学院并进行师徒结对。青年教师发展学院相继开展了读书分享、美文诵读、美好课堂、妙笔生花等系列教师素养提升培训。每周坚持开展教师粉笔字基本功训练活动，经过练习，教师们书写出的粉笔字或清秀，或苍劲；一撇一捺落笔成章，一笔一画独具个性。每学期，举行师徒汇报课暨美好课堂形态研讨活动，检验青年教师的成长，在青年教师的汇报课中，处处闪现着智慧，处处绽放着光芒，既看到了师傅帮助徒弟的用心尽心，也看到了徒弟学习的热心与虚心。学校还邀请了教研室主任张贵民参与研讨活动，对青年教师提出宝贵建议。

四、坚守理想，课题助力专业成长

学校以课题研究推动课程落地，开展相关课题申报，进行课堂实践研究，促进教育教学高质量发展。

课题研究是教师专业成长的必由之路，我校教研团队把课题研究与课堂教学紧密结合起来，扎实开展课程建设、作业设计、提升课堂教学有效性等课题研究。近三年来河南省少先队课题"少先队争章与'学校美好'教育评价机制融合的实践与探索"、河南省重点课题"以英语绘本阅读促小学生英语阅读品格培养的探究"、河南省基础教育教学研究项目课题"小学数学项目化学习的设计与实践研究"、河南省社科联调研课题"唐代河南诗人的诗词创作与中原地域文化的关系探究"等8项省级课题顺利结项。"基于脑科学理论的'OM'N次方课程建设研究"获郑州市基础教育教学成果奖二等奖，"基于'脑科学'理论构建'美好'课程体系的实践研究""小学低年级数学课堂中注意力失焦问题的实践研究""PBL推进单元教学研究——以小学数学'图形与几何'领域为例""基于核心素养，落实品质教育——汝河新区小学'美好'课程建设实践研究""小学OM课程设计的策略研究""运用绘本阅读开发低年级劳动教育的案例研究"等14项课题获郑州市科研成果奖，"内涵引领，统筹推进：'美好教育'课程模式的实践研究""基于'双减'政策下小学中段'非常规'数学作业设计的实践研究""绘本阅读助力小学一年级新生适应性的实践研究""立足课程，落实'双减'——小学数学绘本课程的开发与实施""'双减'政策下小学高段数学'菜单式'作业设计与评价策略的研究"等15项课题获区一、二等奖。其中"美好课程"研究成果入编郑州市《美好教育发展研究》一书，学校形成了以"科研立校、科研定教、科研树人"的教育新路径。

五、多彩活动，激发美好教师活力

教师素养不仅体现在专业领域，还应有浓郁的书香、艺术的美韵和恬静的心灵。为激发教师活力，培养教师深厚的人文素养和广博的知识积淀，学校开展了歌咏比赛、经典诵读、插花讲座、英模报告会、电影欣赏等多种活动，老师们释放了身心压力，增强了团队凝聚力。每年开展的品格、品位、品学、品质"四品"美好教师评选和颁奖活动，把学校至高荣誉颁给孜孜不倦、甘于奉献的汝河教师，表彰优秀、树立典范。

对一个教师来讲，体验到职业成就感是最大的奖励。在中原网的寻找最美教师专栏中，汝河新区小学的付迎利、刘凯两位老师都参与了专访。近三年我们已经进行了三届"四品"美好教师评选，教师的工作热情被激发了，整个校园充满了朝气蓬勃的发展活力。

多元化、多维度举措让教科研工作如火如荼，各项工作都奔驰在快车道上。近年来，学校教师荣获省级优质课、观摩课、精品课共计8节，获市级优质课、微课一等奖11节、二等奖6节、三等奖3节，区级优质课一二等奖40余节。河南省作业设计一等奖、河南省心理健康案例三等奖、河南省新时代教师风采短视频大赛三等奖、河南省体育竞赛优秀辅导教师、河南省优秀社团、郑州市单元作业设计一等奖、郑州市命题说题设计一二等奖、市级优秀社团……印证着老师们的成长。

第三节　破茧化蝶，打造美好学校

汝河新区小学作为郑州市中原区具有三十多年历史的成熟学校，是构成中原教育的坚实基础校，为中原教育贡献力量。目前，学校教职工82人，省、市级骨干教师5名，区级骨干教师6名，区级学科带头人3名，在校生1300余人，共25个教学班。学校教学设施齐全，师资精良。图书室、多媒体室、微机室等各类功能教室一应俱全。建校以来，学校为社会培养了大批的人才，铸就了几多辉煌。

学校以"深入开展美好课堂活动"为突破口，扎实推进各学科教学活动。确立了"美好教育"的发展之路，创设多种教研途径，不断提高学科教师业务能力：开展学科技能比赛，强化教师基本功；师徒结对、促进青蓝工程建设；同课异构、提高教师的听评课能力；带领教师参与课题立项研究，鼓励教师向专家型教师转变。并将其与教科研工作有机地融合在一起，提出了"美好课堂"探索模式研究课题。一系列课改活动进一步打造了四十分钟高效课堂，师生收获颇丰。

费孝通先生曾说："各美其美，美人之美，美美与共，天下大同。"学校遵循"与美同行，向好而生！"这一教育理念，以及"让成长因教育而美好！"的办学使命，从实施"美好德育""美好课堂""美好文化"等途径分步实施，精心塑造"睿智、博雅、阳光、创新"具有国际视野和综合素养的"四优"美好学子，建设具有卓越影响力的美好教育，先行校，示范校为推进学校教育更加公平、更高质量、更加和谐而砥砺前行。

通过人文、科学、标准的管理，严格规范办学行为，从而使学校各项工作上了新的台阶。学校形成了"环境优美、设施先进、质量一流、特色突出"的办学格局，为学生的美好人生奠定了坚实的基础。

一、特色宣传，展现汝河美好风采

牢牢把握正确舆论导向，突出"双减"、课后服务等时代主题，扎实做好学校重大活动深度报道、先进典型经验推广和氛围营造。学校宣传团队的二十余名青年教师积极参与学校宣传工作，学校假期特色作业、各类节日活动、"双师课堂"、粉笔字大赛、劳动教育等特色活动被"卫教一号""正观新闻""学习强国""今日头条"等媒体广泛报道。学校还请专业团队拍摄了学校阳光大课间、校歌MV短视频，展现了汝河学子与美同行、向好而生的良好精神风貌。

　　每年在学校微信公众号发表新闻稿件一百多篇，在《郑州日报》《郑州晚报》《猛犸新闻》、河南广播电视台视频号、"学习强国"河南平台等权威媒体、客户端刊发稿件五十余篇，在中原区教育系统"守中归原"群发稿六十余篇，提升了学校的影响力和知名度。

　　为庆祝建党100周年，学校公众号开辟了《百年党史天天学》栏目，几位青年教师主动担当起党史领学员的职责，坚持每天读党史、录音、配乐、编辑栏目，为学校师生党史学习教育提供了丰富的素材。

　　教师根据学校办学理念，整体设计了校园视觉识别系统，确定了学校标志和动画形象，完成了校园文化长廊建设，更换了班牌和路队牌，制作了手提纸袋、布袋、纸杯等相关文创产品。精神与制度，理念与行动，如同左右手般共同托举起汝河的现在与未来。

二、升级校舍，扮靓汝河美好家园

　　学校文化如同一个人的气质修养，是思想文化内涵最直接的表现特征。一走进汝河新区小学，就强烈感受到一种非同寻常的文化气场——"美好教育"。一种让人精神为之一振的"精气神"，教学楼一楼文化墙的多种色彩象征着学校给学生们架设了多彩的成才之路。一棵大树青翠繁茂，向阳而生，占据文化墙中央，这是学校的校徽，象征着学校多彩的"美好文化"体系。教学楼里一层一特色，一层一个主题：党史、团史、队史长廊已成为红领巾学党史的主阵地。为全校师生筑起美好空间，绚丽夺目、丰富多彩。

　　为提升整体育人环境，学校利用假期进行硬件升级改造。整洁的教学楼、拥有先进设备的录播教室、标准化的校医室、宽敞的车棚、温馨的餐厅和美好小院……优化校园环境，升级校园广播设备，实现校园音响班班通。学校成为师生共同的精神家园，孩子们的成长乐园。

三、扎实推进，收获成果高质量发展

汝河人紧紧围绕群众对美好生活的新需求、新期待，不断提升学校教育品牌，先后获得全国头脑奥林匹克特色学校、全国青少年校园足球特色学校、亚运足球梦想学校、河南省卓越家长学校、河南省教师发展学校、河南省中小学生桥牌比赛第一名、河南省中小学技术设计与创新成果优秀组织奖、郑州市文明校园、郑州市师德先进单位、郑州市书香校园、郑州市德育创新先进集体、郑州市中小学社会实践先进单位 郑州市教育系统平安校园建设先进单位、郑州市文明社团等荣誉……丰富多彩的课程设置，促进学生综合素质不断提升，同时课程建设也助力学校高质量发展。

"美好教育"是尊重儿童差异的多元教育，是充满灵性的生命教育。无论社会和时代如何变迁，学校用美好德育铸就着学生幸福人生，美好课程点亮着学生智慧人生，美好社团造就着学生高雅人生，美好环境成就着学生快乐人生，美好评价激励学生更加阳光自信，美好节日引导着师生懂得感恩、更加善良。

冬以梅出众，春以花为容。美好生活从美好教育开始，美好教育让生活更加美好。汝河新区小学将继续牢记"品质教育成就未来"的愿景追求，遵循"让成长因教育而美好"的教育使命，着力构建美好教育品牌，为学生提供高品质的教育服务，让学校成为师生成就美好人生，实现美好愿景的沃土，为打造"学在中原"的教育品牌助力，为新时代中原教育更加出彩奋力前行！

致　谢

在完成这本《科学用脑　成就美好：基于学生核心素养的"美好课程"体系建设》之际，我想要表达我最深的感激之情，向那些在我学术旅程中给予我支持、鼓励和帮助的人们致以诚挚的谢意。

首先，我要由衷地感谢华南师范大学的左璜教授。她的专业知识、耐心指导和无私奉献为本书的内容质量提升贡献了重要力量。在学校核心素养课程建设的探索实践上及在本书撰写和出版过程中，左璜教授的指导和鼓励都是我前进的动力。

还要衷心感谢中原区教育局教研室，为本书的出版提供了全方位的支持和保障，本人才得以有机会将学校课程改革实践成果呈现给广大读者。

此外，我要特别感谢在本书撰写及出版过程中提供巨大帮助和无私奉献的老师们，张莹、杜娟、陈丽红、师芳、黄佳玥及汝河新区小学课程项目组所有教师。他们的洞察和建议对本书的框架和内容产生了深远的影响。

最后，还要感谢编辑和出版团队，他们的严谨和专注，使得本书的语言和结构更加清晰和准确。并且在筹备出版各个环节的精心策划和高效执行，为本书的顺利出版提供了坚实的保障。

我期望本书不仅能够达到读者的期望，还能为学校核心素养课程改革建设领域的探索和研究提供实质性的帮助和有价值的借鉴。